Erfolgsfaktor Smalltalk

Inhalt

Smalltalk – halb so schwer

Den sicheren Boden der geschäftlichen Inhalte zu verlassen, über dies und das locker zu plaudern, das fällt manchmal schwer. Wer mit hoher Sachkompetenz berufliche Erfolge erzielt, tut den Smalltalk als oberflächliche Zeitverschwendung ab. Wie schade! Ist die große Kunst der kleinen Unterhaltung doch ein elegantes Mittel, um Türen zu anderen Menschen zu öffnen und auf angenehme Weise Zeit zu verbringen.

interview

Die Amerikaner halten Personen, die keinen Smalltalk machen, für unfreundlich. Nun sind wir Deutschen ja eher sach- als beziehungsorientiert und Smalltalk ist hierzulande nicht unbedingt ein Volkssport. Jedoch: Spontan Kontakte anzubahnen, bei Einladungen und in Arbeitspausen entspannt über angenehme Dinge zu plaudern – das wird auch bei uns im Rahmen der emotionalen Intelligenz als »soft skill« positiv verbucht. Ich würde das gern besser können.

SMALLTALK FÄNGT IM KOPF AN

Smalltalk ist ein lockerer, zwangloser, im Idealfall unterhaltsamer und sogar humorvoller Austausch über für die Beteiligten interessante Themen. Er schafft eine angenehme Atmosphäre, ermöglicht das Kennenlernen und bietet die Gelegenheit, den eigenen Horizont zu erweitern.

Die Macht der Gedanken

Sie tun sich mehr oder weniger schwer mit dieser großen Kunst der kleinen Unterhaltung? Sie selbst wissen am besten, warum. Haben Sie Lust, sich ein wenig in die Karten zu schauen?

Auffassungen, die blockieren

Was hat Sie denn bisher daran gehindert, gewandt Smalltalk zu betreiben?
Sie …
→ haben bisher wenig Gelegenheit gehabt, Smalltalk zu praktizieren?
→ verspüren eine tiefe Abneigung gegenüber seichtem Geschwätz?
→ haben gerade im Berufsleben keine Zeit zu vergeuden?
→ sehen nicht ein, warum Sie berufliche Kontakte auf der persönlichen Ebene vertiefen sollten?
→ verfügen nicht über die nötige Kreativität zum lockeren Plausch?
→ haben kein Gespür für Themen?
→ wurden von Misserfolgen entmutigt?

____

____

____

(Sie können Ihre persönlichen Gründe ankreuzen und/oder hier weitere hinzufügen.)

Überzeugungen, die den Smalltalk erleichtern

Solange Sie auch nur von einem dieser Grundsätze überzeugt sind, wird sich nichts ändern: Solange Sie Smalltalk im Grunde Ihres Herzens für überflüssig erachten, fehlt Ihnen das nötige Engagement. Solange Sie ihn abwerten, mangelt es Ihnen an Motivation. Solange Sie ihn als schwierig betrachten, können Sie keine Leichtigkeit aufbringen. Welche Ihrer Überzeugungen, welcher Teil Ihres Selbstbilds kann Ihnen – über die Einsicht in die Notwendigkeit und die Bereitschaft, sich in ein unabwendbares Schicksal zu fügen, hinaus – helfen, sich unvoreingenommen auf Smalltalk einzulassen?
Vielleicht klingen Ihre neuen Sätze ja so ähnlich wie diese …
→ »Ich kann es ja mal versuchen.«
→ »Es kann ja nichts passieren.«
→ »Es gibt überall Gemeinsamkeiten, ich brauche sie nur zu finden.«
→ »Einfach mal schauen, was herauskommt.«
→ »Ich lasse mir einfach Zeit«.

____

____

____

(Hier können Sie weitere Einfälle hinzufügen.)

Diese Überzeugungen basieren auf elementaren Gedanken wie »zu-lassen«, »können« und »einfach« statt Druck erzeugenden starren Vorgaben und Prinzipien. Dadurch haben sie den Vorteil, Freiheit und Gelassenheit zu gewähren – ideale Voraussetzungen für die lockere Atmosphäre, die Sie mit dem Smalltalk schaffen wollen.
Die Ziele, die wir uns setzen, entsprechen im Idealfall unserer Persönlichkeit und damit unserer ganz individuellen Gewichtung und Mischung von Stärken und Schwächen. So steuern wir unsere Ziele, bevor sie uns den Weg weisen.
Das Steuerzentrum für das Verhalten des Menschen ist allerdings nicht etwa der Teil des Gehirns, den wir Kognition, Verstand oder Vernunft nennen, sondern das limbische System. Da es schon bei Säugetieren und Reptilien zu finden ist, wird es auch das Reptilienhirn genannt.

was für ein smalltalk-typ sind sie?

Selbst die längste Reise beginnt bekanntlich mit dem ersten Schritt, der ist nun getan. Stellen Sie sich jetzt bitte einmal vor, Sie haben Ihr Ziel erreicht: Sie sind eine erfolgreiche Smalltalkerin, ein erfolgreicher Smalltalker. Wie geht es Ihnen dann, was tun Sie?

Test

B Ich freue mich auf das Wiedersehen mit Bekannten.

D Ich übernehme Verantwortung für das Gelingen der Unterhaltung.

S Ich bin gespannt darauf, neue Erfahrungen zu machen.

B Ich genieße einen harmonischen Austausch.

B Ich erfreue mich an einer ausgewogenen Verteilung der Gesprächsanteile.

D Ich steuere das Gespräch nach meinem Wissen und Gewissen.

D Ich baue mein berufliches Netzwerk aus.

S Ich probiere bisher ungewohnte Gesprächsstile aus.

B Ich fühle mich rundum wohl.

S Ich suche so oft es geht nach Begegnungen mit unbekannten Personen.

S Ich liege im Alltag auf der Lauer nach unkonventionellen Themen.

D Ich mache auf mich aufmerksam.

Auswertung

✔ Sie haben Ihre angestrebten Smalltalk-Fähigkeiten vorwiegend mit Sätzen beschrieben, die mit einem B markiert sind? B steht für Balance. Ihnen ist (auch) beim Smalltalk daran gelegen, Gemeinsamkeiten zu erzeugen. Herzlichen Glückwunsch!

✔ Sie haben vorwiegend Antworten mit D gewählt? D steht für Dominanz. Ihnen liegt es, (auch) beim Smalltalk Regie zu führen. Prima!

✔ Sie haben sich vorrangig für mit S markierte Aussagen entschieden? S steht für Stimulanz. Sie sind neugierig auf neue Reize.

✔ Sie entdecken keine Schwerpunkte bei Ihren Smalltalk-Zielen? Auch gut! Erfolgreiche Menschen achten auf ein gesundes Zusammenspiel der limbischen Kräfte. Die Empfehlung an Sie: Beobachten Sie sich hier und da. Im Lauf der Zeit gewinnen Sie ein Gefühl dafür, welche Ihrer Stärken Sie gerade einsetzen und welche Sie darüber hinaus noch einbringen könnten.

Das menschliche Denken und Verhalten wird von drei limbischen Instruktionen bestimmt, die uns weitgehend unbewusst steuern.

→ Die **Balance-Instruktion** sorgt für Sicherheit und Beständigkeit. Sie ist die Kraft der Beharrlichkeit.

→ Die **Dominanz-Instruktion** gibt uns auf, uns durchzusetzen, nach Macht und Status zu streben und unser Territorium und unsere Autonomie auszubauen. Sie ist die Kraft der Expansion.

→ Die **Stimulanz-Instruktion** lässt uns – kreativ – nach neuen und spannenden Reizen und Erlebnissen suchen. Sie ist die Kraft der Innovation. Selbst die längste Reise beginnt mit einem ersten Schritt. Der kann für Sie der nebenstehende Test sein. Die Empfehlung an Sie alle: Behalten Sie bei der Lektüre dieses Buches Ihre Vorlieben im Auge und achten Sie auf Ergänzungen aus anderen Bereichen.

Bilder im Kopf

Was passiert, wenn Sie eine Ihrer bisherigen Smalltalk-Situationen, in denen Sie sich nicht sonderlich wohl gefühlt haben, Revue passieren lassen?

→ Wahrscheinlich sehen Sie vor Ihrem inneren Auge Menschen, mit denen Sie mehr oder weniger gut im Gespräch waren. Sie sehen dabei die andern; Sie sehen nicht, wie die andern Sie sehen. Stimmt's?

→ Kann es sein, dass das Bild, das Sie von sich haben,dem Idealbild, das Sie gern abgeben würden, nicht so ganz entspricht?

→ Kann es sein, dass Sie die Szene, die Sie als eine Folge von Bewegungen und Worten erlebt haben, als stehendes Bild repräsentieren?

→ Und kann es darüber hinaus sein, dass diese Erinnerung vor Ihrem inneren Auge nicht in den buntesten Farben erstrahlt, sondern eher schwarzweiß und vielleicht noch von einem Grauschleier überzogen ist?

Sie können einmal den Spieß herumdrehen und sich selbst aus der Perspektive Ihres Gegenübers betrachten. Am Beispiel Ihrer erinnerten Smalltalk-Situation bedeutet das:

→ Was konnte Ihr Gegenüber an Ihnen sehen? Wie war Ihre Mimik? Ihre Gestik? Ihre gesamte Haltung? Sind Sie zufrieden?

→ Welchen Anblick hätten Sie lieber geboten? Welches Wunschbild können Sie sich machen? Gestalten Sie einmal nach Herzenslust um: Ihre Gesamthaltung, Stellung der Hände, Arme, Schultern, das Gesicht.

tipp

Negative Erlebnisse hinterlassen ihre Spuren so starr, düster und ausweglos, wie sie erlebt wurden. Da unvorteilhafte Erlebnisse in negative Prophezeiungen übergehen, sollten Sie die Möglichkeit nutzen, an der Gestaltung Ihrer inneren Bilder aktiv mitzuwirken. Das heißt nicht, dass Sie alles, was Ihnen begegnet, durch die rosarote Brille sehen müssen. Doch wer sagt andererseits, dass Sie etwas schwarz sehen müssen?

→ In welcher Farbigkeit, Helligkeit und Bewegung sehen Sie die Szene am Ende dieses Modellierungsprozesses?
→ Konzentrieren Sie sich nun auf Ihren Kopf, wie er auf Hals und Schultern ruht. Machen Sie für Ihr inneres Bildergedächtnis ein positives Porträtfoto davon. Sie wissen ja: Ein Bild sagt mehr als tausend Worte.

Bisher waren Ihre Erwartungen an Ihre eigene Smalltalk-Kompetenz von negativen Bildern geprägt. Jetzt haben Sie eine echte Vision von sich als erfolgreicher Smalltalker, erfolgreiche Smalltalkerin. Konzentrieren Sie sich künftig auf Ihre Zielvorgabe. Das wird Ihnen die »Arbeit« sehr erleichtern.

Kompetenz, im Körper verankert

DIE WELT vom 29./30. Dezember 2001: LIFESTYLE. Belebendes Prickeln
Sekt genießt seinen Ruf als Muntermacher zu Recht – aber nur, wenn er in Maßen getrunken wird. »Schaumwein nimmt wegen seiner Kombination von wenig Alkohol und reichlich Kohlensäure unter den alkoholischen Getränken eine Sonderstellung ein«, erklärt der Kölner Internist Stephan Rosenkranz. In geringer Konzentration steigere Alkohol den Blutdruck und rege den Kreislauf an. Zusätzlich bewirke der hohe Gehalt an Kohlensäure, dass die Gefäße im Gehirn sich etwas weiterten und dass das Blut deshalb besser fließe. Beide Wirkungen sind dem Arzt zufolge für den bekannten belebenden Effekt verantwortlich. Allerdings sei diese Wirkung nur von kurzer Dauer und »äußerst dosierungsabhängig«. Nach mehr als einem Glas schlage das Prickeln nämlich ins Gegenteil um. Denn größere Mengen Alkohol senkten den Blutdruck und machten müde …

Ein Glas schäumenden Weines also als Basis für einen prickelnden Smalltalk – warum nicht? Bei der Cocktailparty, bei der Feier im Kollegenkreis, beim Geschäftsessen kommt uns diese Unterstützung unserer Gehirnfunktionen sehr gelegen. Doch nicht immer ist die Uhrzeit angemessen für einen Prosecco, der Ort günstig für einen Crémant, das Umfeld passend für ein Gläschen Sekt oder die Bedingung stimmig für eine Coupe de Champagne.

In geselliger Runde die richtigen Worte finden – ein Glas Sekt hilft dabei.

Wie können wir unseren Körper auch ohne Hinzufügung stimulierender Substanzen zum Helfer unseres Gehirns machen? Die Antwort: Indem wir ihn bewusster spüren, als wir das im Allgemeinen tun!
Für den Smalltalk brauchen Sie eine Lockerheit, die Sie nicht automatisch in jede Situation mitbringen. Solange Sie konzentriert auf das Ziel, guten Smalltalk zu machen, hinarbeiten, laufen Sie Gefahr, sich anzuspannen.
Um die gewünschte Gelassenheit zu erlangen, ist es am einfachsten, sich zuerst einmal der Anspannung bewusst zu werden und sie zu akzeptieren.

Schön locker

Anspannung akzeptieren, um Lockerheit zu erlangen, klingt das nicht reichlich widersprüchlich? Ist es nicht! Wenn Sie Kinder erziehen oder einen pädagogischen Auftrag im Unternehmen haben, wissen Sie aus Erfahrung: Es lässt sich leichter führen, wenn Sie mit der zu führenden Person arbeiten und ihre Fähigkeiten nutzen, als wenn Sie gegen sie arbeiten und sie ständig tadeln.
Warum sollte das Prinzip nicht wirken, wenn es darum geht, sich selbst zu führen? Kämpfen Sie nicht gegen eine Empfindung an, es würde nichts nutzen. Spüren Sie nach, welche Qualität diese Anspannung hat, sie ist ein Stück von Ihnen. Kümmern Sie sich um sie, gehen Sie freundlich mit ihr um. Machen Sie was draus. Ein Schauspieler antwortete kürzlich auf die Frage nach seinem Umgang mit Nervosität: »Ich heiße sie als einen Teil von mir willkommen; an dem Tag, an dem sie ausbleibt, muss ich aufhören zu spielen.«

entspannen

- ✔ Versetzen Sie sich gedanklich in eine Situation, in der Sie sich nicht besonders wohl fühlen.
- ✔ Wie fühlen Sie sich dann? Sind Sie angespannt? Interessiert? Erschöpft? Neugierig? Verärgert? Oder … ?
- ✔ Wo in Ihrem Körper macht sich diese Empfindung bemerkbar? Im Kopf? In den Schultern? Sind Sie vielleicht hartnäckig (harter Nacken)? Beißen Sie die Zähne zusammen?
- ✔ Mit welcher Qualität spüren Sie diese Empfindung? Ist es eher eine Temperaturempfindung? Oder ein Druck? Oder ein Pochen? Oder sonst etwas?
- ✔ Nun spielen Sie ein wenig mit Ihrer Muskulatur. Verstärken Sie bewusst die Empfindung. Dann: locker lassen, ganz einfach ein bisschen locker lassen. Wenn Sie ungezwungen tief ausatmen und sich vor dem Einatmen ein wenig Zeit lassen, wird sich die Lockerheit verstärken.

Bitten Sie also in der nächsten realen Smalltalk-Situation Ihren Körper um Mithilfe.

1. Wo sitzt die Anspannung?
2. Leichte Verstärkung der Anspannung.
3. Bewusstes Abschütteln der Anspannung.

interview

In der Tageszeitung las ich heute das Ergebnis einer Umfrage des Meinungsforschungsinstituts Emnid:
Über Sex, Religion und Geld würde in deutschen Ehen viel zu häufig geschwiegen. Der Wunsch, darüber zu reden, sei zwar da, Gespräche folgten jedoch nicht.
Dann sollte ich diese Themen beim Smalltalk wohl erst recht außen vor lassen, schließlich will ich ja nicht anecken. Doch kann nicht jedes Thema ein in irgendeiner Form auch ein Tabu-Thema sein?

LASSEN SIE UNS ÜBER THEMEN REDEN

Früher galt es als ungehörig, während eines festlichen Essens das Thema Essen anzuschneiden. Ob das schon eine Aussage über das Essen jener Zeiten war? Sicher nicht. Exklusive Speisen müssten in den feinen Kreisen, die mit derart einschränkenden Regeln aufwarteten, Grundvoraussetzung gewesen sein. Es ging wohl eher darum, einer Gastgeberin überschwängliches Lob zu ersparen; an Kritik hat da wohl ohnehin niemand gedacht.

Themen, über die Sie locker reden können

Ähnlich einschneidende Regeln werden aus Großbritannien heute noch berichtet. Da

spricht, in feinen Kreisen wohlgemerkt, während des ersten Gangs eine Dame ausschließlich mit ihrem Tischherrn, während des zweiten Ganges mit dem Herrn zu ihrer Rechten (ökonomischer über die gleichen Themen?) und erst ab dem dritten Gang wird die Plauderei für weitere Beteiligte geöffnet. Normhandbücher für den heutigen Smalltalk gibt es glückerlicherweise nicht. Es gibt keinen festen Smalltalk-Standard, im Gegenteil: Das Wesen des Smalltalk besteht gerade in seinem lockeren Dahinplätschern. Eine Struktur ist dennoch zu erkennen, gerade was bevorzugte Themen betrifft.
Soziologen haben in Erfahrung gebracht: Es gibt, abhängig von der Geschlechtszugehörigkeit, eine eindeutige Hierarchie dessen, was Menschen bereit sind, anderen zu enthüllen. Bestimmte Themen werden in einer neuen oder erneuten Begegnung bereitwillig und schnell angeschnitten, andere erst bei einem höheren Grad der Vertrautheit. Themen, die mit großer Wahrscheinlichkeit in der Anwärm-Phase mit Akzeptanz rechnen dürfen, sind:

- Alltagserfahrungen
- öffentliche Ereignisse
- Interessen und Geschmacksfragen
- die Arbeit

Hundertprozentige Sicherheit gibt es auch beim Smalltalk nicht; wir müssen uns, wie sonst im Leben, mit Wahrscheinlichkeiten zufrieden geben. Und dazu gehört nun einmal, dass wir auf der Suche nach einer gemeinsamen Basis unsere Alltagserfahrungen erwähnen können.

beispiel

»Ist es nicht wunderbar, bei diesem herrlichen Sonnenschein einen Kaffee auf der Kantinen-Terrasse zu trinken?« – »Tja, wenn man während der Arbeit Zeit zum Kaffeetrinken hat«.
Diese beiden Kolleginnen werden mit Sicherheit keinen Smalltalk miteinander halten. In der winzigen Replik ist klar geworden: Der Kaffee in der Sonne ist Genuss für die eine, unerhörter Luxus für die andere. Offensichtlich macht gerade die Selbstverständlichkeit, mit der die eine Kollegin eine gemeinsame Einstellung voraussetzt, die andere rebellisch. Eine gemeinsame Plattform zur Kommentierung des Geschehens ist nicht in Sicht. Möge die eine sich ihren ungestörten Kaffeegenuss nicht nehmen lassen und die andere ihrer Arbeitswut frönen.
Dabei enthielt der Ausgangssatz alle Elemente einer guten Plauderei:
den Arbeitsplatz und das Wetter als gemeinsames Umfeld und Erleben sowie im Allgemeinen positiv bewertete Dinge wie Pause als freie Zeit, Sonne und frische Luft als Gute-Laune-Spender und Kaffee als Mittel zum Genuss.

Alltagserfahrungen

Was gehört zu den Erfahrungen des Alltags, wenn nicht das Wetter? Es darf also getrost zu den von der Wissenschaft untermauerten Vorlieben gezählt werden. Das heißt nicht, dass Sie es banal behandeln müssten nach dem Muster »Schönes Wetter heute.« – »Ja, wirklich.« Da gibt es schon mehr zu sagen.
Was erleben Sie sonst noch im Alltag, über das Sie sich mit mehr oder weniger fremden Menschen austauschen können? Wahrscheinlich sitzen Sie nicht den ganzen Tag zu Hause, sondern sind, sei es beruflich oder privat, auf den Straßen dieses Landes unterwegs, auf der Schiene oder in der Luft. Das sind andere auch. Damit ist alles, was um Fortbewegung herum angesiedelt ist, Smalltalk-Thema: der fällige Radweg, die Verspätung bei der Bahn, die Radarfalle in der Baustelle, das Handy, das beim Abflug klingelte.
Vermutlich müssen auch Sie hier und da Geld ausgeben, in einem Laden oder einem Lokal.

tipp

Ulrich Wickert findet in seiner Moderation der Tagesthemen immer eine Brücke zum allgegenwärtigen und in seinem Fall aktuellen Wetter. Lassen Sie sich von ihm inspirieren! Dann gilt zukünftig: Alle reden vom Wetter. Aber wer redet schon so gescheit vom Wetter wie Sie?

Wer hat nicht ein Erlebnis rund ums Kaufen, Bestellen und Bezahlen zu berichten, das bald zum Klagen über die viel zitierte Servicewüste Deutschland führt?
Einen gewissen Neuigkeitswert wird noch eine Weile die mit Kaufen, Verkaufen und Erleben verbundene Währungsumstellung behalten. Zoll-Erlebnisse hingegen haben seit dem Schengener Abkommen rapide abgenommen, es bleiben uns nur die Fernreisenden als Anekdoten-Lieferanten. Eine Ausnahme bildete die Zeit vor der Euro-Einführung: »Verdacht auf Schwarzgeldtransfer an der Schweizer Grenze«.
Alltagserfahrungen sind in Orten verankert. »Wo wohnen Sie, woher stammen Sie?« Im Zentrum oder am Stadtrand, an einer Durchgangsstraße oder in einer verkehrsberuhigten Zone, im Altbau-Apartment oder im Reihenhäuschen?
Das alles passt in die Themen-Tauschbörse des Smalltalk. Da die Nuancen der Erlebnisse sich in München und Wanne-Eickel, in Bitterfeld und Bad Reichenhall, erst recht in Frankfurt und in Mailand unterscheiden, lohnt sich der Austausch auf jeden Fall.

Öffentliche Ereignisse

Eine gemeinsame Basis können öffentlich bekannte Ereignisse, deren Akteure und deren Verlauf bieten. Hier das verregnete Gartenfest des Bundeskanzlers (das ist keine politische Aussage!), dort die verhagelte Vier-Schanzen-Tournee, dann die Love Parade unter sengender Sonne. Die Medien – wer kann sich ihnen schon entziehen – verhelfen Ihnen zu Gesprächsanlässen in Serie.

Die Süddeutsche Zeitung bot zum Jahresbeginn allein auf der mit »Panorama« überschriebenen Seite unter anderem diese Überschriften und damit Themen:

→ Tschechien versinkt im Winter (Wer sagte, das Wetter sei kein Thema?)
→ Tausende fliehen vor den Flammen
→ Das letzte Jahr bescherte uns 281 Lotto-Millionäre
→ Zumutung auf Schienen: Hollands Bahn
→ Trainieren für Olympia: Ein Wort zu China

Im Feuilleton-Teil bieten sich an:

→ Großer Andrang: »Die Brücke« reüssiert in Dresden
→ Die Schönen aus der Unterwelt: Die Uffizien in Florenz

tipp

Handball und Barockmusik, Autorennen und Makramé, Zeichentrickfilm und Opernfestival, moderne Bildhauerei und die italienische Dichtung der Renaissance – all das kann Thema sein. Die einvernehmliche Behandlung eines Themas bei unterschiedlicher Interessenlage erzeugt den gleichen Sympathiewert wie Gemeinsamkeiten auf den ersten Blick.

Interessen und Geschmacksfragen

Mühen Sie sich nach der Arbeit noch mit Hanteln & Co im Fitness-Studio ab? Spielen Sie lieber Czerny-Etüden auf Ihrem Klavier? Über die Freizeit können Sie mit jedem Menschen plaudern. Wer keine Freizeit hat, ist mit Sicherheit gern bereit zu erläutern, warum er keine hat (dann ist das Thema Arbeit und/oder Familie schnell auf dem Plan) und was er täte, wenn er denn welche hätte.

Automatisch werden die Menschen gestreift, in deren Gesellschaft die Hobbys ausgeübt werden. Ist da Familie im Spiel, ist eher von einem Freundeskreis die Rede, fällt da stets ein »ich« und nie ein »wir«? Rückschlüsse sind erlaubt. Sie sollten allerdings nicht unbedingt den »weisen« Rat von George Bernhard Shaw befolgen: »Lästige Konversation mit Tischdamen kann man umgehen, indem man unverheiratete Frauen fragt, wie viele Kinder sie haben, und verheiratete, warum sie keine haben.«

Ältere Menschen, deren Alltagserleben leider oft zu wünschen übrig lässt, bereiten sich, wie man hört, auf nachmittägliche Plauderstündchen durch die gezielte Lektüre überregionaler Zeitungen vor. Haben Sie Ihre Tageszeitung nur des Sports wegen abonniert, kommen Sie mit einer Person, die sich auf den Börsenteil versteift, nur schwerlich auf einen gemeinsamen grünen Zweig. Drum: Lesen bildet ... ideale Voraussetzungen für den Smalltalk mit unterschiedlichsten Gruppen.

Auch die Frage nach Haustieren und Garten kann eine abendfüllende Unterhaltung ins Rollen bringen.

Der Urlaub wird gern zur Ausübung des Hobbys genutzt, da schließt sich das Reisen thematisch unmittelbar an. Ihr Smalltalk-Partner schwärmt vom Rucksackwandern im Hunsrück, Sie hingegen haben Ihre Yacht im Persischen Golf schon so lange nicht mehr ausgefahren? Je weniger Sie Sozialneid unterstellen oder haben, je behutsamer Sie das Gegenüber zu seinem Erzählglück führen, desto leichter stoßen Sie auf Gemeinsamkeiten. Das kann die Freude an der Bewegung sein, der Ärger über maulende Kinder und das Abenteuer Essen.

Essen – das ist das Thema schlechthin, weil hier Gemeinsamkeiten und unterschiedliche Nuancierungen so herrlich schnell »auf den Tisch« kommen. Es ist eine Alltagserfahrung wie das Wetter, es ist ein Element des Überlebens wie Atmung und Schlaf, es ist Trends unterworfen und regionalen Unterschieden und es ist Genussspender par excellence.

Finden Sie ein Gesprächsthema, das jeden betrifft, beispielsweise Hobbys, Urlaub, Haustiere.

Sie kochen gern: Rezepte willkommen! Sie gehen lieber aus: Wie ist der neue Vietnamese am Rathaus? Trinken Sie zu Spaghetti lieber Weißwein oder Rotwein? Und haben Sie schon einmal den Chardonnay aus Chile verkostet? Wie schmeckt eigentlich das neue alkoholfreie Bier?

Ideales Thema für Gourmets: Restaurantkritiker. Was die sich immer erlauben! Das Lieblings-Bistro so schlecht zu bewerten! Aber hatte der eine da, wie heißt er noch gleich, nicht doch irgendwie Recht, was das Preis-Leistungs-Verhältnis angeht?

Gutes Essen ist im Trend und ein Trend ist ein Thema. Ob Sie dann auf die Mode zu sprechen kommen sollen, können Sie sehen. Ob Sie über die Verschmelzung ost-westlicher Anwendungsformen im Wellness-Sektor reden können, hören Sie schnell heraus. Bei welcher Sammelleidenschaft Sie landen, werden Sie merken.

Die Arbeit

Nicht immer ist die Freizeit die ersehnte Abwechslung von einem ungeliebten Job. Es soll Menschen geben, die in ihrem Beruf aufgehen! Es wäre schade, sie darüber nicht sprechen zu lassen.

Natürlich könnten detaillierte Berichte eines Bestattungsunternehmers über sein Alltagsumfeld die Stimmung bei der Cocktailparty leicht trüben, natürlich will nicht jeder Finanzbeamte in Gesellschaft Probleme mit »der Steuer« auf sich abgewälzt wissen, natürlich kann andererseits ein Arzt, auf der Reputationsskala an oberster Stelle stehend, mit Respekt rechnen. Doch auch er läuft Gefahr, dass jemand sich einen Sport daraus machen möchte, ihn mit dem Bericht über einen Kunstfehler vom Sockel des »Gottes in Weiß« zu holen oder die in die Höhe geschnellten Kosten im Gesundheitswesen zu thematisieren. Weder er noch der Anwalt noch der Tiermediziner möchten für kostenlose Beratungen im Gästekreis eingespannt werden. Doch erlebte Anekdoten wissen sie mit Sicherheit alle zu berichten.

Themen, bei denen Sie Ablehnung riskieren

Liebe, Ehre, Vaterland – diese drei waren für Generationen von erfolgreichen Rhetorikern Schlüssel zu ihrem Publikum, sie wirkten überzeugend und erwarben seine Sympathie. Ein Blick in die Film- und Fernsehlandschaft erweckt den Anschein, dass beim heutigen Publikum eher mit »Sex and Crime« Quote gemacht wird. Das mag für die Einweg-Kommunikation zutreffen, für eine Klimaverbesserung durch Smalltalk sind diese Themen allesamt ungeeignet. Auf der Liste der Themen, auf die Menschen auch in wenig vertrautem Umfeld gern zu sprechen kommen, rangieren nämlich diese an letzter Stelle:

- unser Geld
- unser Körper
- unsere Persönlichkeit

Das Geld

Das eigene Geld wird in Deutschland als sehr persönliche Sache erlebt, spiegelt es doch den familiären Hintergrund (»erben«), die Wertigkeit im Beruf (»erwerben«) sowie die Fähigkeit, damit umzugehen (»haushalten«). Damit ist es dem intimen Bereich zugewiesen.

Der Körper

Selbst wenn Sie in Deutschland als Mann nicht bei jedem Ah und Oh gegenüber einer gut aussehenden Frau eine Klage wegen sexuellen Übergriffs fürchten müssen: Lassen Sie sich keine Distanzlosigkeit zuschulden kommen. Kommentare über die Körperformen

das thema geld

In den USA ist die Frage nach dem Jahreseinkommen nicht selten, während dieses Thema in Europa völlig tabu ist. Für uns Europäer wiederum ist die Einschätzung der Amerikaner, dass wir Deutschen schnell Grenzen überschreiten, gänzlich unverständlich. Das mag daran liegen, dass wir, wenn wir denn vom Geld sprechen, Geld anders bewerten, als die Amerikaner das tun. Dort gilt nämlich neidlos die Folgerung: »Sie hat ein hohes Einkommen? Dann muss sie eine gute Anwältin sein. Alle Achtung!« Im europäischen Raum hingegen können schnell negative Wertungen und häufig genug sogar Neid im Spiel sein. Bedenken Sie nur, dass innerhalb vieler Unternehmen Transparenz in Gehaltsfragen geradezu untersagt ist.

einer Person sind tabu. Welche Frau kann schon über den Kalauer »Gibt es Ihr Kleid auch in Ihrer Größe?« lachen? Zu dick, zu dünn, endlich abgenommen – kein Thema! Es sei denn, die betroffene Person spräche von sich aus darüber.

Gleiches gilt für jede Art von Krankheit und Behinderung und für Todesfälle. Natürlich werden Sie einem Kunden, der seine Frau verloren hat, Ihre Anteilnahme signalisieren. Doch plaudern werden Sie darüber nun doch wirklich nicht wollen!

Entsprechendes gilt für die Sexualität, die genauso gut in der Rubrik Persönlichkeit behandelt werden könnte. Im Vergleich mit den USA oder vom Islam geprägten Ländern sind wir in sexuellen Fragen in Deutschland neuerdings geradezu freizügig. Und doch: Sparen Sie sich Ihre Einstellung zur Ehe von gleichgeschlechtlichen Partnern und Ihre Erfahrungen mit ausgefallenen Sexualpraktiken für Zeiten auf, wenn Sie Ihr Gegenüber näher kennen, Reaktionen realistisch einschätzen können und nicht damit rechnen müssen, wegen Ihrer Äußerungen aus dem Raum geworfen zu werden. Anzügliche Witze verbieten sich von selbst.

tipp

In Frankreich und Italien kommen Sie um das Thema Politik mit größter Wahrscheinlichkeit nicht herum. Für diesen Fall: fernsehen nicht vergessen; informiert machen Sie einfach eine bessere Figur. »Mit Briten können Sie über alles reden und über nichts«, sagte einmal ein Brite. Bevor Sie über Politik reden, sollten Sie allerdings gut zuhören!

Die Persönlichkeit

Über ihre Persönlichkeit reden Menschen nicht gern? Dabei wurde doch, was Sie im Alltag erleben, wie Sie leben und wofür Sie sich interessieren, unter den Themen aufgezählt, bei denen Menschen sich statistisch gesehen am ehesten offenbaren. Der Unterschied liegt im Grad der Abstraktion oder des Tiefgangs. Mit »Persönlichkeit«, die in wenig vertrautem Rahmen nicht gern enthüllt wird, sind die Aspekte des Menschen gemeint, die unterhalb der Verhaltensebene liegen, seine politischen Meinungen, seine religiösen Überzeugungen, seine Moralvorstellungen, seine Werte, Wünsche, Ängste und Befürchtungen.

Von dieser Warte aus ist die Warnung vor allen »-ismen« zu verstehen: Idealismus, Pazifismus, Kommunismus, Katholizismus – ethische, religiöse und politische Überzeugungen sind dem Konsens nicht unbedingt förderlich und daher im Smalltalk kontraindiziert. Bieten Sie sie von sich aus nicht als Thema an. Sie machen Smalltalk, um Sympathie zu wecken. Das tun Sie in besonderem Maße als guter Mensch. Sie brauchen in unvertrautem Kreis nicht Ihren Seelenmüll auszubreiten und Ihre Fehler und Macken aufzudecken, freiwillig nicht und unfreiwillig schon gar nicht. Unflätige Ausdrücke sollten genauso wenig über Ihre Lippen kommen wie abwertende Äußerungen über bestimmte Gruppen der Weltbevölkerung. Sprechen Sie politisch korrekt. Und sprechen Sie über Dritte, Anwesende wie Abwesende, stets so, dass Sie nicht rot werden müssten, wenn diese Ihre Äußerungen hörten. Klatsch und Tratsch sind vielleicht für manche lustig, aber absolut tabu!

Das Modell vom Eisberg

Wir wissen es nicht nur vom Untergang der »Titanic«: Nur ein kleiner Teil eines Eisbergs ist über dem Wasser sichtbar, sechs Siebtel seines Volumens liegen unter der Oberfläche. Bei der Persönlichkeit eines Menschen ist das ganz ähnlich. Das konkrete Verhalten einer Person können wir sehen und hören: Rituale, Handlungen, Speisen, Ess- und andere Gewohnheiten sowie Wörter sitzen fass- und wahrnehmbar wie die Spitze auf dem Eisberg. Darunter liegt der »große Rest«, die Software des Geistes, die geistige Tiefenstruktur des Individuums, das strukturelle Programm der kulturellen Gruppe, der er angehört.
Beim Smalltalk geht es nicht um die im doppelten Sinn des Wortes erschöpfende Abhandlung einer Thematik. Es gibt ja kein sachlich definiertes strategisches Ziel. Ziel ist vielmehr, sich gegenseitig abzutasten auf der Suche nach Gemeinsamkeiten. Im Idealfall suchen die Smalltalker nicht, sondern werden beim Surfen durch die Themen fündig. Eine Strategie ist dabei allerdings zu erkennen, nennen wir sie »sanftes Steuern«.

Die sanfte Steuerung besteht aus
- nicht viel reden, mehr zuhören,
- nicht ausfragen, sondern »weiche«, nicht fordernde Fragen stellen.

Hören Sie gut zu

Unter welchen Bedingungen sagen Sie von einem Menschen, dass Sie sich mit ihm gut unterhalten können? Wahrscheinlich wenn er Sie reden lässt!
Gute Verkäufer wissen: Um überzeugen zu können, müssen sie zuerst einmal wissen, was den potenziellen Käufer überzeugt. Darum lassen gute Verkäufer ihre Kunden reden. So schnöde das klingen mag: Wollen Sie als Smalltalker nicht auch etwas verkaufen? Eine

Voraussetzungen für eine gute Kommunikation sind genaues Beobachten und Zuhören.

gute Atmosphäre? Ein positives Bild von sich? Es ist sicherlich keine Schande, dies professionell anzugehen.

→ »Gewähren Sie Ihrem Gegenüber mindestens 60 Prozent der Redezeit, geben Sie sich mit dem Rest zufrieden.« Setzen Sie diesen Rat von Verkaufstrainern um. Es fällt Ihnen schwer, andere so viel reden zu lassen? Aber Ihre eigenen Geschichten kennen Sie doch schon längst! Solange Sie selbst reden, können Sie nichts in Erfahrung bringen. Zuhören lohnt sich.

→ Ihr Gegenüber darf dabei nicht den Eindruck gewinnen, dass Sie sich langweilen. Demonstrieren Sie, dass Sie zuhören: Nicken Sie, lächeln Sie, unterstreichen Sie seine Worte gelegentlich mit sozialen Geräuschen wie »hm« und »ach so«.

→ Überlassen Sie dem anderen das Wort, sprechen Sie in kurzen Sequenzen. Lassen Sie den anderen ausreden, halten Sie Ihr Bedürfnis zu unterbrechen im Zaum.

→ Sind im Eifer des Gefechts die Pferde mit Ihnen durchgegangen, dann geben Sie nach Ihrer Unterbrechung dem Gegenüber das Wort zurück.

→ Erscheinen Ihnen die Passagen Ihres Gegenübers etwas lang oder gar langatmig, üben Sie sich in Geduld. Sie können versuchen, genauer hinzuhören. Schieben Sie den Inhalt seiner Aussagen in den Hintergrund und konzentrieren Sie sich auf seine Art zu sprechen.

Um sich in die Sprechweise Ihres Gegenübers hineinzuhören, können Sie sich diese Fragen stellen:

zuhören

- ✔ Solange Sie sprechen, erfahren Sie nichts.
- ✔ Solange Sie hören, erfahren Sie viel.
- ✔ Sobald Sie »zwischen den Wörtern hören«, erfahren Sie alles.

→ Was verrät sein Akzent über seine regionale Herkunft? Wie präzise, wie laut artikuliert er?

→ Auf welcher Sprachebene bewegt er sich? Ist er eher in der Hochsprache oder der Umgangssprache zu Hause? Verwendet er Fremdwörter oder ein Fachvokabular?

→ Wie sind seine Erlebnisse sortiert? Spricht er eher über Menschen oder über Dinge? Kommentiert er eher positiv, neutral oder negativ? Blickt er eher in die Vergangenheit zurück oder voraus in die Zukunft?

→ Wie filtert er seine Eindrücke? Bevorzugt er einen bestimmten Sinneskanal? Ist er ein Seh-Typ, ein Hör-Typ, ein Hand- oder Herz-Typ?

→ Wie passt seine stimmliche Färbung zu seinen Aussagen? Wie moduliert er?

Zum Sprechen motivieren

»Sagen Sie mal, wohnen Sie in Wuppertal? Wo denn genau? Und wie lange schon? Warum wohnen Sie eigentlich am Stadtrand? Gab es nichts in der Nähe Ihrer Arbeitsstelle? Wie kommen Sie dort überhaupt hin? Mit dieser ... wie heißt sie noch ... Schwebebahn? Und Ihre Frau? Hat sie auch ein Auto?«

Wer fragt, der führt – das Sprichwort hat Recht. Doch darüber, wie gern eine Person sich durch Fragen führen lässt, sagt das Sprichwort nichts. Behalten wir also im Auge: Eine gute Atmosphäre ist das Ziel des Smalltalk, und die entsteht nicht durch Gängelung. Fragen ist gut, zum Sprechen motivieren ist noch besser.

→ Stellen Sie offene Fragen, die inhaltliche Antworten ermöglichen – im Gegensatz zu den geschlossenen Fragen, auf die sich der Befragte mit »ja« oder »nein« aus der Affäre ziehen kann. Entsprechend fragen Sie nicht: »Wohnen Sie in Wuppertal?«, sondern: »Wo wohnen Sie genau?«

Soweit die reine Lehre der Fragetechnik. Doch hören Sie sich einmal genauer um und schauen Sie mal in eine von diesen Talkshows am Nachmittag hinein. Dann stellen Sie schnell fest: Wer Lust hat zu antworten, redet selbst auf geschlossene Fragen hin am Stück. Und wer keine Bereitschaft zu reden mitbringt, den öffnen auch die schönsten offenen Fragen nicht. Mit solchen Kandidaten sind Moderatoren übrigens selten konfrontiert, und wenn, dann sind selbst die Frageprofis hilflos.

→ Schießen Sie keine Fragensalve ab, stellen Sie immer nur eine Frage und die nächste, wenn Sie die Antwort erhalten haben. Alles andere verunsichert. »Seit wann in Wuppertal? Wo? Wie? Mit wem?« Woher soll das Gegenüber – wenn es sich alle diese Fragen überhaupt merken kann – wissen, auf welche Sie die erste Antwort wünschen!

→ Fragen Sie Ihr Gegenüber nicht aus. Nötigen Sie nicht zu Detailantworten, wenn schon im allgemeinen Teil wenig Information gegeben wurde. Respektieren Sie, dass man Ihnen Grenzen setzt. Sie sind nicht bei der Inquisition angestellt! Daher sind auch Fragen nach dem Grund für Handlungen und Entscheidungen unangebracht. »Warum wohnen Sie nicht zentral?« Na, vielleicht weil die Mieten am Stadtrand günstiger sind, was für eine mehrköpfige junge Familie ein entscheidender – aber nicht in jedem Fall gern geäußerter – Grund sein kann. Bleiben Sie also sicherheitshalber auf der Spitze des Eisbergs, unter der Oberfläche schlagen Sie sich womöglich selbst ein Leck.

→ Erläutern Sie selbst jedoch den Grund für Ihre Frage. »Ich kenne mich in Wuppertal ein bisschen aus. In welchem Stadtteil sind Sie zu Hause?« Hier weiß der Befragte, warum Sie sich für seinen Wohnort interessieren.

→ Geben Sie etwas von sich preis. »Ich bin selbst am Stadtrand von Wuppertal aufgewachsen, aber nach dem Abitur weggezogen. Jetzt komme ich nur noch ganz selten hin. Aber die Schwebebahn, die hat es mir immer noch angetan.« Wetten dass ... Sie jetzt nicht einmal mehr eine Frage stellen müssen, um die Wohnumstände des Bürgers von Wuppertal zu erfahren? Er weiß, wem er da antwortet; er kann abschätzen, wie Sie seine Antwort einbetten werden; mehr noch: Er weiß, dass er auf gemeinsamem Terrain operiert. Das macht ihn sicher und erhöht die Wahrscheinlichkeit, dass er Ihnen gern antworten wird.

üben, üben, üben

- Beginnen Sie Ihre Übungseinsätze in Wartesituationen: an der Bushaltestelle, in der Warteschlange an der Supermarktkasse. Registrieren Sie genau, was Ihnen dort am leichtesten gelingt.
- Setzen Sie Ihr Training bei längeren, zeitlich dennoch überschaubaren zufälligen Begegnungen fort: im Aufzug, im Zugabteil, am Flughafen oder im Taxi (Taxifahrer sind wahre Smalltalk-Profis; analysieren Sie, wie sie mit Ihnen sprechen, und testen Sie unterschiedliche Reaktionen).
- Setzen Sie Ihre Erfolgserlebnisse in unverfänglichen Bereichen Ihres beruflichen Umfelds um: in der Kantine, vor der Teambesprechung, in der Seminarpause.
- Je mehr Menschen Sie ins Gespräch ziehen, desto mehr Erfahrungen machen Sie, und desto mehr lernen Sie über die Smalltalk-Erlebnisse anderer. Machen Sie sich anfangs Notizen über Ihre Smalltalk-Erfolge und Verbesserungsmöglichkeiten: Was hat bereits gut geklappt? Was wollen Sie beim nächsten Mal anders machen?

Andere Länder, andere Themen

Fünf Gebote für den Smalltalk mit Ausländern:

→ Bereiten Sie sich auf einen geplanten Smalltalk vor. Lesen Sie, lernen Sie aus den Erfahrungen anderer Personen Ihres Milieus. Werden Sie sich Ihrer Vorurteile bewusst.
→ Zeigen Sie allen, denen Sie begegnen, Respekt. Imitieren Sie niemals die Sprechweisen, Gesten und Rituale anderer Kulturen.
→ Sprechen Sie langsam, in kurzen Sätzen, machen Sie Pausen, artikulieren Sie deutlich.
→ Sagen Sie nichts in Ihrer Muttersprache, was andere nicht hören dürfen.
→ Hinterfragen Sie während eines Gesprächs Ihre eigenen Sprech- und Verhaltensmuster. So erkennen Sie die Ihrer Gesprächspartner am leichtesten.

»Global player« – das ist oft nicht viel mehr als ein Schlagwort. Wer sich hingegen mit den Gepflogenheiten in anderen Ländern auskennt, hat gute Karten, um im internationalen Wettbewerb zu bestehen. Wer Wertsysteme und Verhaltenscodes kennt, kann vorgefertigte Wertungen abbauen, kann Verständnis wecken und sich Achtung verschaffen. Wer weiß, wo die Fettnäpfchen in Sachen Kommunikation stehen, bewegt sich auch auf fremdem Parkett sicher. Hier werden Smalltalk-Sitten in Kulturen vorgestellt, mit denen Deutsche im Business häufige Kontakte pflegen.

»Um Menschen zu verstehen, müssen wir ihre Art zu leben verstehen. Um sie zu überzeugen,

müssen wir ihre Sprache sprechen, so gut wir können, nicht die Sprache im engen Sinne, sondern die Sprache des Geistes. Das ist die eine Notwendigkeit. Darüber hinaus gibt es eine andere, die über Logik und Vernunft weit hinaus geht: Das ist das emotionale Erfassen anderer Menschen.« Jawaharlal Nehru.

Where are you from? Smalltalk mit US-Amerikanern

Die US-Amerikaner gelten als die Smalltalk-Experten schlechthin. Spontan Kontakte anbahnen, Atmosphäre erzeugen, bei Einladungen und in Arbeitspausen entspannt über angenehme Dinge plaudern – den Urlaub, kulturelle Ereignisse, Erlebnisse aus dem Privatleben, die Schönheiten und Errungenschaften des Landes (bitte nicht über Deutschland jammern) – das wird von US-Amerikanern als »soft skills« positiv verbucht.
Betrachten Sie Wendungen wie »How are you?« oder wortreiche Komplimente als soziale Geräusche: Sie haben die Funktion, eine Beziehung zu fördern. Amerikaner kommen bekanntlich im Business schnell auf den Punkt, in privaten und gesellschaftlichen Kontexten können sie jedoch durchaus indirekt kommunizieren, die Ablehnung einer Einladung wird gern schonend in ein »I'm busy« verpackt.
Das schnelle Anbahnen lockerer Beziehungen hat eine Kehrseite: Bohren ist genauso verpönt wie das Preisgeben intimer Details; Privatsphäre und Wesenskern bleiben vor fremden Augen und Ohren geschützt, wahre Freundschaften entwickeln sich daher in den USA eher zögerlich.
Ein gemütliches Zusammensitzen mit ungewissem Zweck und Ausgang ist unüblich, statt ex- und intensivem Gesprächsaustausch werden gemeinsame Aktivitäten geplant – zumal wenn sich die Gesprächspartner noch nicht gut kennen. Nach einer Einladung einen »Thank-you-letter« zu schreiben, ist selbstverständlich.

So nah und doch so fern: Großbritannien und Frankreich

»Never mix business with pleasure« – das Gebot, im Business nichts Privates preiszugeben, macht den Smalltalk mit Briten zu einer hohen Kunst. Auf das höfliche »How do you do?« nach der Vorstellung wird keinesfalls eine inhaltliche Erläuterung erwartet, sondern die gleich lautende Gegenfrage. Unterhaltungen im Stehen finden oft mit einer Armlänge Distanz im 90-Grad-Winkel statt, ohne Berührung, versteht sich. Wenn Sie Geld verdienen wollen, gilt: Contenance! Augenkonkakt und Gestik bleiben verhalten, bitte die Hände nicht gemütlich in den Hosentaschen vergraben.
Meetings beginnen im Allgemeinen mit einem kurzen Smalltalk über das Wetter und die Anreise. Keine Witze über das britische Wetter machen und schon gar nicht über die königliche Familie!
Das Motto »Keep a stiff upper lip« – zeige keine Gefühle – ist bei den gehobenen Bevölkerungsgruppen allgegenwärtig. Selbst wenn Sie von allen guten Geistern verlassen sind und den Nordirlandkonflikt thematisieren, wird weder Hand noch Stimme erhoben werden, nicht einmal eine Augenbraue.

tipp

Ihre Frage, ob die Pariserin ihr Wochenende in der Stadt verbringt, ist ein Versuchsballon – aufs Land fahren heißt nämlich: mit einem Teil der Familie zu einem anderen Teil der Familie fahren. Von einer Einladung dorthin sind Sie bei einem ersten Treffen noch Lichtjahre entfernt. Träumen Sie – vorerst – nicht einmal von einer Einladung in einen französischen Stadthaushalt. Davor müssen Sie wahrscheinlich – auch mit Partner/innen – eine ganze Reihe Restaurantbesuche hinter sich bringen.

Franzosen wiederum tauschen sich gern über Neuigkeiten aus aller Welt und noch lieber über Frankreich aus. Informieren Sie sich im Vorfeld: über das französische Fernsehprogramm und, besser noch, über kulturelle Ereignisse. Über Politik lässt sich trefflich diskutieren; sich hier als Meister des Worts und des Arguments (also auch des Wissens) zu beweisen bringt Punkte für das Business. Überlassen Sie aber bitte den Grad der Annäherung, was persönliche Themen angeht, dem Gegenüber. »My home is my castle« – dieser Satz könnte von einem Franzosen stammen. »Thank you very much indeed«, das hören die Briten gern. Das Zauberwort in Frankreich lautet »Pardon«. Sagen Sie es nicht nur, wenn Sie um Entschuldigung bitten müssen. Sagen Sie es immer auch, wenn eine Person Ihnen den Vortritt lässt.

Kontakte zwischen Yin und Yang: Fernost

Mit Achtsamkeit und einem bescheidenen Auftreten erhöhen Sie bei Personen aus dem Fernen Osten Ihr Ansehen. Stellen Sie beim Smalltalk keine direkten Fragen und persönliche nur, insofern sie von allgemeinem Interesse sind. Das sind Kinder an sich und die Kultur allgemein. Dass Sie Sex, Religion, Geld und die Menschenrechte von sich aus nicht thematisieren, wissen Sie selbst. Wenn Sie einer Aussage nicht beipflichten können, sagen Sie nicht »nein«, sondern sagen Sie einfach »Das klingt interessant.«
Zurück-Haltung ist wörtlich zu verstehen: Berührungen über den Handschlag hinaus, ausladende Gesten und ausdrucksstarke Mimik sind nicht gut angesehen. Nach kurzem Augenkontakt senken Sie den Blick. Lächeln und Nicken interpretieren Sie nicht unbedingt als Ausdruck der Zustimmung, sondern als Zeichen, dass man Ihnen zuhört. Verständnisschwierigkeiten durch erhöhte Lautstärke kompensieren zu wollen würde an Ihrer Autorität kratzen.
Besonders in Japan sind Alters- und Geschlechtsbarrieren schwer zu umgehen, jedoch ist eine Geschäftspartnerin aus Europa den geschlechtsspezifischen Zwängen der Japanerinnen nicht unterworfen. Sie wird in erster Linie als fremd und erst in zweiter Linie als Frau betrachtet. Lassen Sie sich geschickterweise mit allen Funktionen und Kompe-

tenzen von einer Mittelsperson vorstellen, zeigen Sie sich souverän in der Sache sowie im verbalen und nonverbalen Ausdruck.
Da der Schlüsselwert in der japanischen Gesellschaft »wa« – Harmonie – ist, schildern Sie Ihre positiven Eindrücke über Land und Leute, stellen Sie Fragen zu Sehenswürdigkeiten und Gebräuchen. Humor ja, Witze nein. Fettnäpfchen stehen überall. Immer laufen Sie Gefahr, als Mensch aus dem Westen als ungeduldig, ungehobelt, egoistisch und intolerant angesehen zu werden. Beweisen Sie das Gegenteil! Erfreuen Sie beispielsweise Ihre Gastgeber mit kleinen Geschenken.

As-Salam'alaykum: Islamische Länder

Spätestens seit dem 11. September 2001 ist der Weltöffentlichkeit bekannt, dass man mancherorts auf eine extreme Auslegung der auf dem Islam basierenden Vorschriften gefasst sein muss – wie in Saudi-Arabien, wo Frauen nicht einmal ein Auto steuern, geschweige denn sich unverschleiert in der Öffentlichkeit zeigen dürfen. Mit zunehmender Verstädterung und Verwestlichung hingegen – wie in den Vereinigten Emiraten, in der Türkei, in nordafrikanischen Staaten wie Marokko, Tunesien, Algerien, oder in Ägypten, das sich als Brücke zwischen der arabischen Welt und dem Westen versteht, können Sie mit einer Lockerung der Gebote rechnen – nicht unbedingt mit einem Verzicht auf die kommunikative Grundhaltung.
Abtasten ist der erste Schritt, die schrittweise Annäherung vollzieht sich über einen längeren Zeitraum, bei dem gemeinsame Essen oder Einladungen in einen Club eine nicht zu unterschätzende Rolle spielen. Jedes Treffen wird mit Fragen nach dem Befinden eingeleitet. Bieten Sie Augenkontakt an, halten Sie Nähe aus. Halten Sie sich gerade, ein gerades Rückgrat symbolisiert Autorität. Reduzieren Sie Ihre Gestik, zeigen Sie niemals mit dem Fuß auf andere. Vorsicht mit Berührungen, reichen Sie Vertretern des anderen Geschlechts nicht von sich aus die Hand. Frauen werden häufig nicht einmal vorgestellt. Freundschaftliche Berührungen unter Männern hingegen sind gang und gäbe, wie überhaupt die Distanz auch beim Gespräch sehr gering sein kann. Respektieren Sie Pausen; Schweigen ist Teil der Unterhaltung.
Sie wissen ja: Schweinefleisch und Alkohol sind für Muslime im Prinzip tabu. Je westlicher ein Muslim lebt, desto eher wird er trotzdem das eine und/oder das andere zu sich nehmen. Lassen Sie aber auf jeden Fall Speisen mit Schweinefleisch und auch alkoholische Getränke getrennt servieren und lassen Sie beim Essen Ihre linke – unreine – Hand aus dem Spiel.

tipp

Sprechen Sie nicht von Mohammedanern, sondern von Moslems oder Muslimen und Musliminnen. Iraner sind keine Araber, sondern gehören der indogermanischen Völkergruppe an.

interview

Das kann doch nicht wahr sein, habe ich gedacht, als ich las, dass der Inhalt unserer Aussagen nur verschwindend gering den Eindruck beeinflusst, den wir hinterlassen. Da bemühen wir uns, schlaue Dinge zu sagen, und die anderen erinnern sich vorwiegend an unsere Kleidung und unsere Stimme! Soll ich etwa vor dem Spiegel mit mir selbst Smalltalk machen? Oder vielleicht ein Buch über nonverbale Kommunikation lesen?

DER KÖRPER TALKT MIT

Eine gemeinsame Basis schaffen, ein angenehmes Klima herstellen, Sympathie erzeugen – das alles soll der Smalltalk bewirken.
Tatsächlich beweisen wiederholte Befragungen und Untersuchungen die Übermacht der nichtsprachlichen, rein visuellen Eindrücke: Es sind im Schnitt der Untersuchungen gut 60 Prozent.
An zweiter Stelle stehen die Eindrücke, die die Stimme über den Inhalt hinaus hinterlässt, mit gut 30 Prozent. Für den Inhalt der Aussage bleiben damit zur Eindrucksbildung rechnerisch nur zirka 5 Prozent übrig.
Da stellt sich die Frage für das Anbahnen und Pflegen von Kontakten: Was macht Menschen für andere attraktiv?
Es sind die Aspekte
- → Mimik,
- → Gestik,
- → Haltung,
- → Stimme und
- → Kleidung.

Mimik, Gestik und Haltung bestimmen Ihr Auftreten

Ihr Smalltalk-Partner ist vorrangig mit Ihrem Gesicht konfrontiert. Schauen Sie sich einmal im Spiegel an: Welche Falten kommen durch einen ernsten Ausdruck zustande? Der mag in Ihrem Leben großenteils seine Berechtigung haben. Muss er aber tatsächlich auch beim Smalltalk sein? Versuchen Sie doch einmal, Ihrem Gesicht einen positiven Ausdruck zu verleihen.
Psychologische Gutachten haben nämlich bewiesen, dass authentisch lächelnde Menschen als besser und ehrlicher eingeschätzt und somit weniger streng beurteilt werden als solche mit ernstem Gesicht. Und die Humorforschung weiß, dass Lächeln – und erst recht das Lachen – unsere eigene Stimmung positiv beeinflusst und unseren Selbstwert steigert.
Vergessen Sie auch beim Smalltalk nicht, Ihren Gesprächspartnern Blickkontakt anzubieten. Starren Sie sie aber bitte nicht an. Und der Trick, seinem Gegenüber auf die Nasenwurzel zu schauen, schafft allenfalls Verunsicherung und ist somit auch nicht die Lösung. Machen Sie einmal diesen Test zur Ausrichtung Ihres Blicks: Neigen Sie den Kopf und schauen Sie eine Minute lang nach unten. Was stellen Sie fest? Wahrscheinlich, dass Sie sich mehr und mehr in einen schlechten Gefühlszustand hineinbegeben. Das wollen Sie im realen Leben tunlichst vermeiden. Richten Sie deshalb, sobald Sie sich bewusst werden, dass Sie die Augen senken, den Blick konsequent nach oben. »Kopf hoch!« – Das kennen Sie doch schon.

Nicht spekulieren, korrigieren!
Die Annahme, aus jeder Geste eindeutig eine Äußerung der inneren Einstellung ablesen zu können, ist eine nicht zulässige Vereinfachung. Nicht jede, die die Arme vor der Brust verschränkt, kapselt sich – ängstlich oder widerspenstig – ab; vielleicht ist sie, auf diese Weise in sich ruhend, ganz bei Ihnen. Nicht jeder, der die Hände hinter dem Rücken zusammennimmt, will Sie besserwisserisch belehren; vielleicht ist das seine Komfort- und Zuhörhaltung. Nicht jeder, der seine Hände in den Hosentaschen vergräbt, hat automatisch etwas zu verbergen; vielleicht hat er einfach nur schlechte Manieren.
Versuchen Sie daher, populärwissenschaftlichen Irrtümern nicht zu verfallen. Gehen Sie vernünftig vor.

- Nehmen Sie körpersprachliche Aussagen und Veränderungen wahr.
- Bilden Sie Hypothesen.

tipp

Solange Ihr Lächeln nicht echt ist, ist es kaum die Hälfte wert. Suchen Sie sich daher Gründe für positive Gedanken, freuen Sie sich auf den nächsten Urlaub oder denken Sie daran, wie Ihr Jüngster in der Badewanne plätschert. Im Notfall stellen Sie sich vor, wie ein grünes Kaninchen durch den Raum fliegt.

check-up: körperhaltung

- Stehen Sie mit beiden Beinen fest auf der Erde, die Fersen ganz dicht beieinander.
- Richten Sie die Fußspitzen auf Ihren Gesprächspartner.
- Lassen Sie Ihre Knie locker.
- So bringen Sie von der Basis her Ihren gesamten Körper in die richtige Haltung: Auftreten heißt schließlich auch Auftreten!
- Nun kippen Sie Ihr Becken so nach vorn, als wollten Sie damit Wasser schöpfen.
- Stellen Sie sich vor, wie Sie mit den Schulterblättern einen Stift fixieren.
- Denken Sie nun mit Stolz das Wörtchen »ich«, dann halten Sie automatisch den Kopf aufrecht, ohne die Schultern hochzuziehen und sich zu verspannen
- Halten Sie den Kopf still und gerade.

Ist diese Haltung ungewohnt für Sie? Wahrscheinlich. Bessern Sie sie so nach, dass Sie dennoch zu Ihrer Muskulatur passt und natürlich wirkt. Nun machen Sie eine gute Figur und können unbefangen und selbstsicher Ihren Smalltalk beginnen.

- → Prüfen Sie sie.
- → Ergänzen oder korrigieren Sie sie.
- → Verwerfen Sie sie gegebenenfalls.

Neigen Sie zu Verlegenheitsgesten wie dem Griff ans Ohr oder ins Haar, hilft es Ihnen wenig, sie zu vermeiden zu versuchen. Finden Sie kontextabhängige Gesten, die es Ihnen ermöglichen, auf diese unabsichtlichen Bewegungen zu verzichten.

Wohin mit den Händen? Halten Sie sich geistig offen, können Sie beim Zuhören Ihre Hände ruhig halten. Sind Sie geistig voll und ganz bei der Sache, unterstreichen Ihre Hände automatisch und sehr authentisch Ihre Worte. Das bedeutet: Öffnen Sie zu Beginn Ihres Smalltalks Ihre Gestik, dann aber: Vergessen Sie sie! Je selbstverständlicher Ihre Gesten Ihre Worte unterstreichen, desto mehr Sinn haben sie. Fällt Ihnen zwischendurch auf, dass Sie sich unbewusst verschlossen haben, öffnen Sie Ihre Arme wieder.

Ein gebeugter Rücken lässt den Physiotherapeuten auf mangelnde Bewegung, den ungeschulten Betrachter aber auf eine Demutshaltung oder Traurigkeit schließen – beides wahrlich keine guten Voraussetzungen für einen netten Plausch.

Die Erinnerung an eine Situation, in der Sie «groß heraus« kamen, mag Ihnen beim Einnehmen einer offenen Haltung eine Stütze sein. In jedem Fall wirken Sie aufrecht größer, voluminöser, sicherer – ohne dabei stramm zu stehen. Ihr Kopf hebt sich, Sie sehen und denken klarer, Sie atmen tiefer in den Bauch hinein, Ihre Stimme wird fester, Sie sprechen langsamer und deutlicher.

Nähe und Distanz

Ob stehend oder sitzend, gilt es, sich auch beim Smalltalk hin und wieder an die verschiedenen Distanzzonen zu erinnern, die Menschen zur Gestaltung unterschiedlicher Begegnungen als angenehm empfinden.

→ Die **öffentliche Distanz** – über drei Meter Abstand – brauchen Sie, um in einem Raum Überblick zu behalten und um anderen Menschen freien Blick auf Sie zu ermöglichen.

→ Aus der **gesellschaftlichen Distanz** mit einem bis drei Meter großen Abstand schätzen Sie ein, ob Kontakt möglich wird.

→ Die Pflege einer bestehenden Beziehung gestalten Sie aus der **persönlichen Distanz** zwischen 50 und 100 Zentimeter heraus.

→ Die **intime Distanz** hat weder im Geschäftsleben noch bei Smalltalk-Beziehungen etwas zu suchen. Smalltalk erlischt, sobald die Distanz zu gering wird.

Schaffen Sie Stimmung über die Stimme

Wenn Ihre Gesprächspartner wiederholt nachfragen, Sie missverstehen oder sogar ohne Bezug zu Ihrer Aussage antworten, ist es Zeit, dass Sie sich um Ihre Aussprache kümmern. Sorgen Sie für einen sauberen, gut durchfeuchteten Mundraum; ein Glas Wasser bei der Unterhaltung hilft da mehr als ein starker Kaffee, der Flüssigkeit aus Ihrem Körper abzieht. Wenn Sie sich gerade halten, spannen sich Ihre Stimmbänder automatisch an.

Atmen Sie bewusst und nutzen Sie Pausen und gedachte Satzzeichen, um Ihren Gedanken Struktur zu geben. Ein gut verständlich gesprochener Satz umfasst zirka zehn Wörter.

tipp

Ein warmes Bad entspannt Leib und Seele. Nehmen Sie in der Badewanne liegend den Duschkopf zur Hand. Lassen Sie wohligwarmes Wasser über Ihre Kehle rinnen. Ihre Stimme dankt es Ihnen.

Nie wieder nuscheln

Seine Sprechweise zu verändern ist enorm schwierig. Wir alle haben uns unser Sprechverhalten von mehr oder weniger sprechtechnisch gebildeten Vorbildern ab-gehört. Wollen Sie etwas verändern, schauen Sie Menschen, die für Ihr eigenes Ohr angenehm sprechen, »aufs Maul«, sprechen Sie ihnen nach, spüren Sie nach, wie weit Sie deren Sprechweise in Ihr Verhalten übernehmen können.

Trällern Sie Lieder vor sich hin, am besten mit Text. Redner, die häufig vor Publikum stehen, schwören auf Arien aus dem Belcanto.

Machen Sie ruhig Ihre Lieblingsmusik zur Stimmübung.

Damit trainieren Sie nicht nur Stimmbänder und Sprechwerkzeuge, Sie verhindern auch Monotonie.

Vergessen Sie dabei das bewusste Atmen nicht. Dass eine flache Atmung nicht zu einer sonoren Sprechweise beitragen kann, leuchtet ein. Dass die Atmung in den Bauch hinein wichtig und das konsequente Ausatmen mindestens genauso wichtig ist, ist bekannt.

Eine praktische Übung zur Verbesserung von Klang und Atmung ist das Dimmen:

→ Atmen Sie bewusst aus. Immer wieder.
→ Setzen Sie beim Ausatmen einen leichten Ton auf die Atemluft.
→ Wandeln Sie im Lauf der Übung immer mehr Luft in Klang um, bis Sie Lust haben zu singen.
Sie verbessern so Ihr Gefühl für die Tonalität beim Sprechen.

Farbe im Klang

Monotonie bedeutet Ein-Tönigkeit und entsteht durch kontinuierliches Sprechen in der gleichen Tonhöhe und Lautstärke. Sie kann auch auf ein konstantes Tempo und ein gleich bleibendes Gefühl zurückzuführen sein.
Testen Sie sich doch einmal selbst. In welchen unterschiedlichen Weisen können Sie den Satz »Dann gute Nacht« aussprechen?
Übrigens: Sie sollten schon laut sprechen, denn was Sie vor Ihrem inneren Ohr hören, kann täuschen.
Mit ein wenig Fantasie kommen Sie mindestens auf diese Varianten:
→ Sie hätten heute noch etwas Interessantes vorgehabt: resigniert
→ Sie haben etwas Interessantes hinter sich: erschöpft
→ Der Adressat hätte längst das Licht löschen sollen: vorwurfsvoll
→ Der Patient hat sein Medikament genommen: fürsorglich
→ Die Folgen eines Vorschlags erscheinen Ihnen negativ: ironisch
→ Das Märchenbuch ist zugeklappt, der Gutenachtkuss schon gegeben: motivierend

Wenn Sie den Mut zu diesem Test hatten, haben Sie jetzt vielleicht auch Lust auf mehr Übung in stimmlicher Flexibilität. Dann machen Sie sich nun mit dieser Wettervorhersage vertraut.
»In den frühen Morgenstunden ist mit einer Fortsetzung der freundlichen Wetterlage zu rechnen.
Temperaturanstieg nach Auflösung der Frühnebel, die Sonne scheint durchgehend bis über die Mittagszeit.
Am Nachmittag aufkommende Quellbewölkung, die in den Abendstunden vereinzelte Gewitterschauer mit sich bringt.
Deutliche Abkühlung ab 21 Uhr. Im Lauf der

tipp

Von Vorbildern war bereits die Rede. Schließen Sie zum Spaß einmal die Augen, wenn Jörg Kachelmann das Wetter vorhersagt. Sie brauchen weder die Bilder noch die Inhalte, um zu hören, wie das Wetter wird: Sie können den Regen und den Sonnenschein aus seiner Stimme heraushören. Genauso wie es kein Zufall ist, dass Ulrich Wickert am Ende der Tagesthemen bei »eine geruhsame Nacht« das Tempo verlangsamt, die Stimme senkt und das »rrr« so rollt und das »uuu« so in die Länge zieht, dass es einem fast wie ein Gutenachtlied aus dem heimischen Lautsprecher vorkommt.

Nacht gehen die Niederschläge im gesamten Sendegebiet in Dauerregen über.«

1. Lesen Sie den Text neutral wie ein Nachrichtensprecher.
2. Stellen Sie sich nun vor, Sie seien ein Hobbygärtner, dessen Pflanzen seit Wochen nach Regen dürsten. In welcher Tonlage beginnt er die Vorhersage, wie verändert sich sein Ton? Lesen Sie den gesamten Text unter dieser Voraussetzung erneut und wieder laut.
3. Wechseln Sie erneut die Rolle und damit die Perspektive. Sie haben für heute Abend 30 Personen zur Party in Ihrem Garten eingeladen. Das Unkraut ist gezupft, der Rasen gemäht, der Kartoffelsalat angemacht. Wie schlagen sich nun die Aussichten des Wetterdienstes in Ihrer Sprechweise nieder?

Die Form spiegelt den Inhalt, ganz einfach. So gibt unser Wortschatz selbst uns hinreichend Hilfsmittel, um mit Lauten zu malen. Zum Beispiel sollten Sie das Wort »bremsen« nicht so aussprechen, als wollten Sie Gas geben, und beim Wort »beschleunigen« wiederum nicht so, als träten Sie eben auf die Bremse.
Wie wäre es mit einer weiteren Laut-Lese-Probe zum Thema »Michael Schumacher auf der Piste«? Da wird beschleunigt und gebremst, siehe oben. Da röhrt der Motor. Da donnert ein Wagen gegen die Leitplanke. Da geht ein Raunen durch das Publikum. Da klatschen die Fans in die Hände. Da kreischen die Reifen. (Hören Sie sie kreischen?)
Möglicherweise sind Sie eher romantisch veranlagt. Dann machen Sie sprachlich lieber einen Waldspaziergang: Die Wipfel rauschen. Von den Ästen herunter wird gezirpt, gesungen, gezwitschert. Das Unterholz knirscht. Das Bächlein plätschert.
Den Rest kennen Sie. Dass der Ton die Musik macht, wissen Sie. Seien Sie sich immer öfter einmal bewusst, wie farbig Sie mit Ihrem Sprechton Klang herstellen können. Dass Ihnen diese zusätzliche Facette Ihrer persönlichen Ausdrucksstärke nicht nur beim Smalltalk zugute kommt, liegt auf der Hand.

Kleider machen nicht den Menschen, aber Leute

Menschen machen sich Bilder von Menschen und benutzen dabei auch die Kleidung als Orientierungshilfe. Sie interpretieren sie als Maßstab für die Zugehörigkeit zu einer Gruppe auf der einen und Individualität auf der anderen Seite. Sie lesen daran die mögliche Kompetenz und Verlässlichkeit ab, gerade im Business. Ihre Kleidung und die Dinge, mit denen Sie sich umgeben, bleiben nicht wertneutral. Im Auge des Betrachters müssen der Anblick der Person und das Bild, das er sich von ihrer Rolle macht, übereinstimmen, damit er Vertrauen schöpfen kann.
Mehr noch: Kleidung ist eine Sprache und funktioniert wie eine Sprache. Da gibt es die Wörter, die in eine Sprache und auf eine Sprachebene passen oder eben nicht, das sind die zu einem Anlass angemessenen Kleidungsstücke. Da gibt es die Grammatik – das ist das, was Sie mit den Kleidungsstücken machen: zum Beispiel ob Sie sie pflegen oder nicht. Und da ist der Satzbau, also die Art, wie Sie – korrekt und stilvoll?– die Kleidungsstücke miteinander kombinieren.

tipp

Schätzen Sie beim Griff in den Kleiderschrank ab

1. Für welchen Anlass ziehen Sie sich an? Gehen Sie zum Barbecue im befreundeten Kundenkreis, zur Kundeninformationsveranstaltung im internen Schulungszentrum oder zum Firmenjubiläum in der Stadthalle?
2. Welche Rolle spielen Sie? Sind Sie die Assistentin des Verkaufsrepräsentanten, sind Sie Ehrengast im Festsaal, oder helfen Sie beim Servieren bei einer Gartenparty?
3. Was passt zu Ihrer Persönlichkeit? Sind Sie ein sportlicher oder ein verspielter Typ, sind Sie extravagant oder eher bodenständig?

Bei Einladungen richtig gekleidet

Jeans oder Smoking? Umsichtige Gastgeber teilen ihren Gästen bei der Einladung mit, wie sie sich kleiden sollen, wenn sie ins Bild passen wollen.

→ Die Angabe »**dunkler Anzug**« bedeutet, dass die Herren im dunklen Anzug mit hellem (natürlich langärmligen) Hemd, dezent gemusterter Krawatte sowie schwarzen Schnürschuhen aus Glattleder und schwarzen Socken erwartet werden. Von den Damen wird stillschweigend erwartet, dass sie sich dem anpassen und im eleganten Kleid erscheinen. Bei Schmuck, Frisur und Make-up dürfen sie ein wenig zulegen, Strümpfe sind selbstverständlich, die Handtasche ist kleiner als die fürs Büro.

→ Noch eleganter werden die Gäste erwartet, wenn auf der Einladung »**Gesellschaftsanzug**«, »black tie« oder »cravate noire« steht. Da erscheint der Herr im Smoking mit weißem Smokinghemd mit Umlegekragen, verdeckter oder Schmuck-Knopfleiste und Doppelmanschetten. Dazu gehört eine schwarze, im Idealfall von eigener Hand gebundene schwarze Schleife. Ein Kummerbund – die aus Indien stammende gefältelte Schärpe – rundet das Bild ab. Die Fältelung tragen Sie bitte nach oben. Am Fuß ganz korrekt ein Kniestrumpf aus sehr feiner Wolle oder Seide und ein sehr schlichter, sehr glänzender Glattlederschuh. Das Kleid der Dame ist daneben noch eleganter als das Pendant zum dunklen Anzug. Es darf lang sein, wobei ursprünglich die große (lange) Abendrobe nur zum Frack getragen wurde. Doch da der Frack – »cravate blanche, white tie« – nur noch sehr selten getragen wird, tragen Damen die Abendrobe häufig schon, wenn der Herr in den Smoking schlüpft. Und nicht zu vergessen: Bitte keine Armbanduhr!

→ »**Casual**« in der Einladung heißt zwar, dass es auch in puncto Outfit lässig zugehen wird; von »nachlässig« kann jedoch nicht die Rede sein. Streng genommen gehören weder Jeans noch T-Shirts in diese Kategorie.
Mit einer Kombination von Rock/Hose mit sportlichem Jackett sind Sie garantiert richtig gekleidet. Möglicherweise reicht auch ein über die Schultern geschlungener – am besten hochwertiger – Pullover.

Damen tragen dazu eine Bluse, einen leichten Pulli oder ein elegantes Shirt, Herren ein Polo- oder Freizeithemd. Keine Krawatte. Schnürschuhe müssen für Herren nicht sein. Hier haben Loafers einen guten Platz und für Damen auch Sandalen.
Farblich setzen Sie sich von den kalten Business-Farben Grau und Anthrazit und vom festlichen Schwarz ab. Blau-, Grün- und Brauntöne sind hierbei willkommen. Naturfasern machen sich auch beim korrekten Freizeit-Outfit am besten.
Ob Sie sich nun mit Geschäftspartnern im Restaurant am Golfplatz treffen oder mit Ihrem EDV-Berater in der Pizzeria – so sind Sie locker und gleichzeitig aber vorbildlich gekleidet.
Wollen Sie auf Nummer Sicher gehen, achten Sie auch auf die angeblichen Kleinigkeiten, die für manchen Betrachter Symbolcharakter haben. Ihr Wohlbefinden speist sich schließlich nicht nur aus Ihrem Körpergefühl (»dieser wunderbar weiche Kaschmirpulli«), sondern auch aus der Achtung, die die Blicke Ihrer Gegenüber Ihnen zollen (zum Beispiel für das perfekt sitzende Kostüm). Von der Beachtung des firmen- und anlassbezogenen Dress Codes abgesehen, sammeln Sie entsprechend Punkte, wenn

→ Farben auf Ihren Teint abgestimmt sind und Ihre Botschaft unterstreichen.
→ Schmuckstücke miteinander in Stil und Material harmonieren und dezent den Blick zum Gesicht lenken.
→ Accessoires wie Gürtel und Tücher kein Eigenleben führen, sondern das Gesamtbild diskret vervollständigen.
→ Ihr Haar korrekt geschnitten und Ihre Hände gepflegt sind.

Über die Kleidung hinaus

Jeder Mensch ist sein wandelnder Lebenslauf. Wenn Sie – ob durch Ihre Kleidung oder Ihr Verhalten – Elemente Ihrer Persönlichkeit ablegen, verwischen oder verleugnen, macht Sie das nicht stärker, sondern schwächer. Gehen Sie daher alle Neuerungen sacht und in Übereinstimmung mit Ihrer Wesensart an.
Ob in der Mode, in der Sprache oder im Handeln: Als stilvoll wird immer das betrachtet, was mühelos erscheint. Daher sollten, wie beim Fahrradfahren, Wissen und Tun mit der Zeit eine harmonische Verbindung eingehen. Dann können Sie Ihr bewusstes Wissen »vergessen« und sich automatisch kompetent verhalten. In der Mode redet man in diesem Fall von Eleganz.

tipp

Mit oder ohne Krawatte? Ob zum Essen mit Geschäftspartnern, zur Verabschiedung des Chefs oder der Hochzeit der Kollegin – im Zweifel binden Sie eine Krawatte um. Es sei denn, der Vermerk zur Kleiderordnung lautete ausdrücklich anders. Bei Unklarheiten lieber vorher anrufen als sich später die ganze Zeit unwohl fühlen.

Kontakte knüpfen leicht gemacht

Gerade kurze Begegnungen können durch Smalltalk positiv gestaltet werden. Ob Jungunternehmer bei einem Kongress Networking betreiben, Fachkräfte bei einer Messe oder einem Golf-Event auf potenzielle Kunden zugehen, Servicekräfte Besucher zu einem Besprechungsraum geleiten oder Hostessen am Messestand Interessenten ansprechen – immer ist ein gelungener Einstieg die Voraussetzung dafür, dass andere sich im wahrsten Sinn des Wortes angesprochen fühlen.

interview

An diesen Auftritt von James Bond erinnere ich mich besonders gern. Er nähert sich einer hinreißend attraktiven Dame und flüstert ihr ins Ohr: »Erlauben Sie, dass ich Sie auf etwas hinweise«. Die Dame errötet, ist auf eine Peinlichkeit gefasst und daher aufnahmebereit. Da strahlt der Doppelnull-Agent sie an: »Auf mich.«
So elegant auf sich aufmerksam zu machen, ohne sich groß in Szene zu setzen, das ist schon ziemlich genial. Doch wer bringt im richtigen Leben diesen Mut auf?

DER ERSTE SCHRITT IST SCHON DER ZWEITE

Gehen wir einen Schritt zurück: Was hindert viele Menschen daran, unvoreingenommen den ersten Schritt zu tun? Wahrscheinlich weil sie fürchten, die anderen seien voreingenommen. Wie oft haben wir als kleine Kinder gehört, dass gegenüber Fremden Vorsicht geboten ist! Den – seinerzeit nicht nur gut gemeinten, sondern äußerst sinnvollen – Ratschlag haben wir damals hoffentlich befolgt. Oft taten das einige von uns sogar so gut, dass sie als etwas ältere Kinder zum Fremdeln neigten. Im Lauf der Zeit haben manche dann die guten Ratschläge so verallgemeinert, dass sie ihnen im Erwachsenenalter im Weg stehen. Das tun sie zumindest so lange, wie sie als Hindernisse nicht bewusst sind. Denn was haben Erwachsene schon zu befürchten, wenn sie auf fremde Personen zugehen? Im schlimmsten Fall mangelndes Interesse und das ist nur ein Problem, wenn es – noch ein Gruß aus der Kindheit! – als generelle Zurückweisung persönlich genommen wird.

Welches Bild sich andere von Ihnen machen sollen

Definieren Sie den ersten Schritt beim Kontakt mit einem anderen Menschen als Chance oder wenigstens als Versuch. Dann können die Ängste und Befürchtungen aus Kindertagen Ihnen nicht so leicht in die Quere kommen. Dieses Denken beeinflusst unmittelbar Ihre Körperhaltung und somit das Bild, das sich andere von Ihnen machen. So wird Ihr erster Schritt schon zum zweiten Schritt, und der ist ja bekanntlich nur noch halb so schwer. Übrigens: Auch Ihr Gegenüber wird nicht ganz frei von Hemmungen sein.

übung: ihr spiegelbild

Sie können diese Übung in abgewandelter Form allein vor einem großen Spiegel machen. Besser ist es jedoch, wenn Sie dafür einen Übungspartner finden, dessen Körperform der Ihren ähnelt.

- ✔ Stellen Sie sich vor, Sie müssten eine sehr wichtige, Ihnen persönlich nicht bekannte Person ansprechen, und diese Aufgabe brächte Sie in eine ängstliche, sorgenvolle Verfassung.
- ✔ Stellen Sie sich so hin, wie Sie in dem Augenblick stehen würden, bevor Sie auf diese Person zugehen.
- ✔ Welche Körperempfindung repräsentiert Ihre Stimmung am besten? Ist es ein zusammengepresster Kiefer? Sind es hängende Schultern? Vielleicht eine ungleiche Verteilung Ihres Gewichts? Diese Empfindung merken Sie sich bitte möglichst genau.
- ✔ Jetzt können Sie die Augen schließen, denn nun beginnt die Arbeit für Ihren Übungspartner.
- ✔ Er stellt sich Ihnen gegenüber und übernimmt exakt Ihre Körperhaltung: die Stellung Ihrer Füße, die Spannung in Ihren Knien usw. Er greift Ihre Handhaltung auf. Wie symmetrisch halten Sie Ihre Schultern? Wie neigt sich Ihr Kopf auf Ihrem Hals? Wie verhalten sich Ihre Gesichtszüge? Und so weiter.

übung: ihr spiegelbild

- Der Übungspartner schließt jetzt ebenfalls die Augen und fühlt sich in diese – Ihre! – Körperhaltung hinein. Er spürt nach: Welche Aspekte schätzt er als typisch ein?
- Nun übernimmt er die Aufgabe eines guten Karikaturisten: Er überzeichnet typische Merkmale, um vorhandene Eigenschaften sichtbar zu machen. Da werden Zähne noch fester zusammengepresst, Schultern übertrieben nach vorn gebeugt, Knie bis zum Anschlag durchgedrückt, Füße unorganisch abgewinkelt.
- Genau so bleibt der Übungspartner stehen, Sie öffnen beide die Augen. Schauen Sie sich Ihr Spiegelbild an. Wetten, dass es Sie nicht gerade begeistert? Vielleicht entfährt Ihnen ein lautes Lachen, vielleicht ein verwundertes »Sehe ich wirklich so aus?« Natürlich sehen Sie nicht so aus! Aber offensichtlich bieten Sie die Plattform dafür, so wahrgenommen zu werden.
- Das muss künftig nicht mehr sein. Werden Sie jetzt aktiv, legen Sie Hand an. Korrigieren Sie Ihr Spiegelbild so lange, bis es Ihnen gefällt.
- Übernehmen Sie nun diese als ideal erachtete Haltung. Bessern Sie so nach, dass Sie sich damit wohl fühlen. Wie geht es Ihnen jetzt? Welche Körperempfindung ist typisch für dieses Befinden? Ist es eine Gelassenheit um den Kiefer herum? Eine Symmetrie in Schultern und Händen? Eine Offenheit im Brustkorb? Eine Lockerheit in den Knien?
- Was es auch sein mag: Das Körpergefühl, das Sie sich zu Beginn der Übung als Signal für Ihr Unwohlsein gemerkt hatten, kann künftig der Auslöser für eine Veränderung hin zum Wohlbefinden sein.

Zur Erinnerung:

- Die Körperempfindung, die Sie künftig daran erinnert, dass Sie etwas verändern sollten:
  ______________________________.
- Die körperliche Veränderung, die Sie auf die Erinnerung hin vornehmen:
  ______________________________.
- Welchen ersten Eindruck wird Ihr Gegenüber nun von Ihnen haben?
  ______________________________.

Sie spielen eine Rolle

Sie wissen, ein authentisch wirkender Mensch wird eher akzeptiert als einer, der versucht, etwas anderes darzustellen, als er in Wahrheit ist. Sie möchten daher Ihrer Persönlichkeit treu bleiben, gleichgültig, in welchem Umfeld Sie sich bewegen. Fairerweise sollten Sie aber zugeben, dass in den verschiedenen Umfeldern, in denen Sie sich aufhalten, unterschiedliche Fähigkeiten von Ihnen erwartet und gebraucht werden.

Entwickeln Sie eine »Antenne« für die jeweilige Situation, in der Sie sich befinden, und werden Sie sich Ihrer Rolle bewusst.

Rollen-Spiel

Brigitte ist im Alltag mindestens in diesen Rollen zu Hause:

→ Als Marketingassistentin ist sie Organisatorin, Verwalterin, Repräsentantin bei Messen, Gestalterin von Präsentationen, Besucherbetreuerin, Seminarbesucherin …

→ Als Ehefrau des Pharmareferenten Thorsten ist sie Psychologin, Beraterin, Geliebte, Bügelfrau, …

→ Als Mutter von Leon, vier Jahre, ist sie Fürsorgerin, Grenzwächterin …, und Bastel-Expertin ist sie auch.

→ Als Mutter der siebenjährigen Lisa ist sie über all das hinaus Privatlehrerin, Logopädin und Chauffeurin.

→ Als Elternvertreterin ist sie Anwältin der Kinder und Vermittlerin zwischen Eltern und Schule.

→ Als Tochter einer Diabetikerin ist sie Krankenschwester und manchmal auch trotziges Kind.

→ Als Freundin ist sie mal Seelenmasseurin, mal Pferdestehlerin, mal kleines Mädchen.

→ Als leidenschaftliche Köchin ist sie Expertin für italienische Vorspeisen.

→ Als Arbeitgeberin einer Haushaltshilfe ist sie Führungskraft, Vorgesetzte und manchmal auch Therapeutin.

→ Als Freizeitlerin ist sie ambitionierte Gärtnerin und mittelmäßige Tennisspielerin.

→ Als Urlauberin ist sie Türkei-Expertin und Hobbyarchäologin.

→ Als Hausfrau bringt sie – keine Frage! – sämtliche von einer erfolgreichen Managerin erwarteten Tätigkeiten unter einen Hut.

Listen Sie einmal auf: Wie viele Rollen spielen Sie in Ihrem derzeitigen Berufs- und Privatleben? Welche sind das? Welche beherrschen Sie außergewöhnlich gut? In welchen dieser Rollen fühlen Sie sich besonders wohl? Und welche Rolle spielen Sie in einer Situation, in der Sie fremde Menschen ansprechen und/oder kurze Begegnungen mit wenig vertrauten Menschen gestalten sollen? Erst wenn Sie sich Ihrer Rollen und der entsprechenden Anforderungsprofile bewusst sind, können Sie diesen spezifischen Teil Ihrer Persönlichkeit voll zur Geltung bringen.

Susi, Sachbearbeiterin, Anfang 20, sehr gut aussehend, in T-Shirt, Sommerrock, Sling-Pumps, fährt mit dem Aufzug ins Firmenarchiv. Ein ihr unbekannter Herr im dunklen Dreiteiler, Mitte 30, gepflegt und attraktiv, steigt zu, grüßt, schaut die Frau aufmerksam, aber schweigend an und steigt so schnell nicht wieder aus. Die Wahrscheinlichkeit, dass mindestens eine der beiden Personen errötet und dass diese Person Susi ist, ist groß.

Wäre der Herr Mitte 80 statt Mitte 30 – oder wäre die Person eine Dame Mitte 30 – oder wäre der Herr Mitte 30, aber in Begleitung einer gleichaltrigen Dame – oder bäte er Susi um Rat, oder wäre er Auszubildender und trüge fleckige Jeans, dann wäre das längst nicht so wahrscheinlich. Warum? In derartigen Situationen der Nähe von Frau und Mann schlägt uns die Natur ein Schnippchen. Selbst wenn die Betroffenen überhaupt kein Paarungsinteresse an den Tag legen, signalisiert ihr Unbewusstes automatisch: Achtung, es könnte interessant werden!

Haben Sie den Film »Patch Adams« mit Robin Williams gesehen?

Er basiert auf der wahren Lebensgeschichte von Dr. Hunter »Patch« Adams. Der ist fest überzeugt, dass Menschen sich gegen eine freundliche Ansprache nicht wehren können, weil sie sich gar nicht wehren wollen. Dr. Hunter Adams dazu im Originalton bei einem Vortrag in Bad Herrenalb: »Sie stehen im Aufzug, die Tür geht auf: hurra! Alle, die hereintreten, gehören Ihnen!«

Wollen Sie das nicht auch einmal so betrachten? Auf jeden Fall haben Sie damit eine Position der Stärke gewonnen, von der aus Sie ganz locker lächeln und ein Gespräch anbieten können.

tipp

Vergegenwärtigen Sie sich die Zuschreibungen, die im jeweiligen Zusammenhang eine Rolle spielen können.

Setzen Sie Ihr Radar ein, tasten Sie mental den Raum ab.

Spielen Sie Ihre Rolle nach bestem Wissen und Gewissen. Nur so fühlen Sie sich sicher, in der falschen Rolle hingegen würden Sie sich ungeschützt vorkommen. Sie können nur etwas darstellen, wenn Sie authentisch sind.

Was eine Rolle spielt

Unsere Handlungen werden von unseren Mitmenschen als zweckgebunden interpretiert und auf wesentliche Kategorien des Seins zurückgeführt.

1. **Ihr Geschlecht kann eine Rolle spielen.** Dabei werden bestimmte geschlechtsspezifische Verhaltensweisen von Ihnen erwartet: »Eine Dame lacht nicht laut. Ein Herr ist einer Dame behilflich.« Abweichungen von der Norm werden in dem einen Umfeld als irritierend wahrgenommen oder geflissentlich ignoriert, in einem anderen mit Beifall quittiert. Seien Sie sich also bewusst, dass Sie mit der Elle der Geschlechtsnormen gemessen werden. Aber Sie brauchen sich davon nicht einengen zu lassen.
2. **Ihr Alter mag eine Rolle spielen.** »Der Herr mit den grauen Schläfen«, »das junge Ding«, »die reifere Dame« sind jeweils mit spezifischen und möglicherweise recht unterschiedlichen Erwartungen konfrontiert. Setzen Sie bewusst die Weisheit Ihres Alters, die Frische Ihrer Jugend, oder Ihre Erfahrung als gestandene Person als Ihre Trümpfe ein.
3. **Ihr Status wird eine Rolle spielen.** Treten Sie als Bittender, als Anbietende oder als König Kunde auf? Sind Sie jemand, der Anweisungen erteilt, oder derjenige, der sie ausführt? Sind Sie Gastgeber oder Gast?

Sie brauchen als Ranghöchster nicht den Tyrannen zu mimen und sich als Rangniedrigster nicht in Unterwerfung zu üben. Vergegenwärtigen Sie sich aber, dass andere Beteiligte unausgesprochen von Ihnen erwarten, dass Sie sich auf gegebenem Terrain Ihrem Status entsprechend verhalten.
Räume haben einen beachtlichen Einfluss auf unser Wohlbefinden, und Wohlbefinden ist gerade bei einem kurzen Smalltalk gleichermaßen Voraussetzung und Ziel.

tipp

Ist Ihnen so viel Gedankenarbeit zu aufwändig? Dann hilft die Botschaft »Ich bin ein Baum«.
Den Satz sprechen Sie laut.
Das Ergebnis können Sie sofort spüren, denn Ihre Füße haben mit einem Mal Wurzeln und Ihr Körper erhält dadurch einen festen Stand. Die Äste hingegen sind in natürlicher Bewegung. Der Wipfel ist vollkommen gerade – ob Sie sich nun eine Tanne vorstellen, eine Birke, eine Buche oder eine Pappel.
Das können andere sehen. Sofort.

Schauen Sie sich, hören Sie sich, schnuppern Sie sich um:
→ Was trägt – in dem Augenblick und an dem Ort, an dem Sie dies lesen – zu Ihrem Wohlbefinden bei? Was ist ihm abträglich?
→ Sind Sie eher beeinflusst von dem, was Sie sehen?
→ Werden Sie mehr von den Dingen geprägt, die an Ihr Ohr dringen?
→ Ist es eher etwas Atmosphärisches, ein Geruch in der Nase, ein Geschmack auf der Zunge, ein Material, das Sie in der Hand halten, das eine Spur in Ihrem Befinden hinterlässt?
→ Je genauer Sie sich der Qualität der Einflüsse bewusst sind, desto besser können Sie künftig diese Dinge als Hilfsmittel für Ihre Gelassenheit nutzen.

interview

Die Stewardess reicht mir das Erfrischungstuch, und was lese ich auf dem Päckchen: »Wie Sie mit Ihrem Nachbarn ins Gespräch kommen:

a. Tuch zur Benutzung anbieten

b. Tuch nach Benutzung anbieten

c. Tuch? Lieber etwas Neues aus BUNTE anbieten. (Wer BUNTE liest, hat immer was zu reden.)«

Sollte ich darüber nun lachen oder weinen? Wird da nicht den Passagieren ein Armutszeugnis in Sachen Kontaktfähigkeit ausgestellt? Mit meinem Nachbarn kam ich darüber sofort ins Gespräch.

WAS AUF ANHIEB ANSPRICHT

»Hallo, wie geht's?« Der eine beantwortet diese Begrüßung mit einem Schwall an Informationen über das Befinden seit dem letzten Krankenhausaufenthalt. Die andere prangert die Frage als stereotyp an und unterstellt einen Mangel an Fantasie, gar Desinteresse. Beide interpretieren auf eine vielleicht typisch deutsche – allenthalben Sinn suchende und mit allem Sinn stiftende – Weise falsch. Stellen wir nämlich »Wie geht's?« international in die

Reihe von »Ça va?«, »How do you do?«, »Va bene?«, wird klar: Es handelt sich um nichts anderes als einen ritualisierten Einstieg in eine Begegnung von miteinander bekannten, doch nicht vertrauten Personen. Es darf nur nicht beim »Wie geht's?« bleiben.

Bereits bekannte oder fremde Personen?

Die Assistentin begrüßt die Geschäftspartnerin ihres Vorgesetzten, der Referent kommt auf die Arzthelferin zu, die Beraterin trifft einen Kunden bei der Informationsveranstaltung – sie alle haben die Möglichkeit, auch kurze Begegnungen erquicklich zu gestalten, indem sie an bestehende Gemeinsamkeiten anknüpfen.

Vorwissen und Erlebnisse aufgreifen

Kann auf Vorwissen zurückgegriffen werden, bekommt »Wie geht's?« eine neue Dimension: Wie geht es nach dem Urlaub, vor der Prüfung, mitten in den Vorbereitungen zu diesem und nach dem Erfolg von jenem? Manchmal können gemeinsame Erlebnisse aufgefrischt werden: Sie haben sich letzten Monat im Theater getroffen oder beim jüngsten Telefonat über das neue polynesische Restaurant ausgetauscht. Bei der Herbstmesse haben Sie miteinander ein Glas Prosecco getrunken und dieser Vortrag hier ist ja noch aufschlussreicher als der letzte. Herzlichen Glückwunsch. Sogar beim Empfang von nie gesehenen Besuchern können Sie meist auf Vorwissen zurückgreifen. Der eine ist angemeldet, die andere eine halbe Stunde zu früh erschienen, der dritte stand im Stau, dem vierten haben Sie ein Hotelzimmer reserviert, das hoffentlich seinem Geschmack entspricht, mit dem Referenten des fünften haben Sie angeregt telefoniert. Das alles ist Nährboden für Ihren Einstieg.
Sie denken, bei Personen, die Ihnen noch nie begegnet sind, fehle Ihnen aber die gemeinsame Basis? Das ist nicht erwiesen. Jede Begegnung ist wie ein Silbertablett voller Angebote: Bedienen Sie sich!

Anlass und Umfeld

Wo immer Sie sind und wer Sie sind: Sie nehmen gemeinsam an einer Situation teil. Wie leicht können Sie sie durch Sprache zur gemeinsamen Situation machen. Sie verwenden einen für diesen Anlass spezifischen thematischen Aspekt, schon sind Sie im Gespräch.

→ Logischerweise sprechen Sie bei einer Vernissage über die Bilder an der Wand und nicht über das Schicksal der Reisbauern in Indonesien (es sei denn, die seien dort abgebildet).

→ Selbstverständlich sprechen Sie in der Konzertpause über die Musik und die Musiker, die Sie soeben gehört haben, und das Programmheft, das irgendjemand in der Hand hält.

→ Es ist wohl klar, dass Sie sich in der Kantine über das Essen auslassen und vor dem Vortrag »Die Börse gestern, heute und morgen« in Ihrem Gedächtnis nicht nach Abenteuern aus dem Urlaub kramen müssen.

→ Und natürlich kommentieren Sie bei der Rückkehr vom Dessertbüffet diese herrlich süße Ananas. Woher die wohl stammen mag?

→ »Nach einem anstrengenden Tag kann man

Frauen sind im Aufzug meistens weniger »reserviert« als Männer.

hier schön auftanken«. Dieser Satz im Fitness Center des Messehotels öffnet Tür und Tor. Branche, Beruf und Funktion des so Angesprochenen brauchen Sie bestimmt nicht mehr mühsam zu recherchieren.
Im Aufzug wird unfreiwillige Nähe auf engem Raum durch das Verweigern der Kommunikation kompensiert. Da senken ausgewachsene Managerinnen schamhaft die Lider, da zählen gestandene Controller die Stockwerke so aufmerksam, als sähen sie die Zahlen zum ersten Mal. Dabei ist es so einfach, durch einen kleinen Kommentar die Paradoxie von Nähe und Fremdheit aufzuheben.
Sprechen Sie über das, was Sie tun oder was gerade mit Ihnen geschieht. Sie können auch über das Sprechen sprechen oder über das Nicht-Sprechen. Zum Beispiel so: »Ist Ihnen auch schon aufgefallen, dass Frauen in Aufzügen schneller Kontakt knüpfen als Männer?« Ob Ihr Eindruck statistisch korrekt ist oder nicht: Als Frau haben Sie soeben den Beweis für Ihre These angetreten, als Mann die Ausnahme von der Regel geboten.

Etwas anbieten

Assistentinnen, Sekretärinnen, Hostessen finden sich häufig in einer Gastgeberfunktion. Das erleichtert das Ansprechen fremder Menschen sehr. Sie bieten an, die Garderobe abzunehmen. Sie bieten Informationen an. Sie bieten ein Getränk an. Was in ihren eigenen vier Bürowänden gang und gäbe ist, übertragen sie problemlos sogar auf Großveranstaltungen: »Ich sehe, Sie haben gar nichts zu trinken, worauf hätten Sie denn Lust?« Machen Sie nun nicht den Fehler, zur Bewältigung der selbst gewählten Aufgabe davonzulaufen. Dann müssten Sie bei Ihrer Rückkehr von vorn anfangen. Entweder Sie rufen den Kellner. Oder Sie nehmen Ihren Gesprächspartner mit: an den Informationsstand, an die Bar, zu der Beraterin, die genauere Auskünfte geben kann als Sie.

Um Rat, Hilfe, Informationen bitten

»Haben Sie mal Feuer?«, »Können Sie mir sagen, wie spät es ist?«, »Wo ist bitte die Toilette?« Selbst wenn Sie es mit diesen Fragen und Bitten ernst meinen, gehen Sie das Risiko ein, dass diese für Maschen gehalten werden. Ein hohes Maß an Inspiration jedenfalls gestehen die Befragten Ihnen nicht zu. Das geht doch anders!
Statt spiegelbildlich die Zeitung der Dame am

Nachbartisch mitzulesen, fragen Sie sie, ob sie Ihnen die bereits gelesenen Seiten abtritt. Sie kann Ihnen bestimmt sogar etwas zum Inhalt sagen. Und wollten Sie dieses Buch, das Ihr Nachbar auf dem Schoß hält, nicht immer schon einmal lesen? Fragen Sie ihn, ob es sich lohnt. So verhelfen Sie auch anderen zu Inspirationen.

»Where are you from?« Sie können mit keinem Amerikaner plaudern, ohne diese Frage beantworten zu müssen. In einem traditionellen Einwanderungsland wie den USA ist diese Bitte um regionale Identifikation ein begründetes Anliegen. Doch auch in Europa kann die Frage nach der Heimat Türen und – pathetisch gesprochen – Herzen öffnen.

»Sind Sie von hier, oder sind Sie – wie ich – schon gestern angereist?« Wie schnell stellt sich heraus, dass Ihre neue Bekanntschaft aus dem Wohnort Ihrer Großmutter stammt … oder Sie in der Nähe dieser Gegend schon auf Geschäftsreise waren … oder die Cousine Ihrer früheren Kollegin erzählt hat, dass ... und Sie immer schon einmal wissen wollten, ob dort ... Je mehr Menschen, Erfahrungen und Wissen Sie einbringen, desto leichter fällt Ihnen der Erstkontakt. Zumal Sie ja tatsächlich alte Bekannte sein könnten.

Wechseln Sie Ihre ersten Sätze und Einstiegsthemen ab. Bei häufigen Wiederholungen der gleichen Worte laufen Sie natürlich Gefahr zu leiern; dieses Risiko kennen Sie wahrscheinlich vom Telefonieren (und dort erliegen Sie ihm hoffentlich auch nicht). Machen Sie sich einen Sport daraus, jeden Tag beziehungsweise bei jeder Veranstaltung mindestens sechs verschiedene Einstiege zu praktizieren:

- → Vorwissen einbringen
- → auf Erlebnisse zurückgreifen
- → nach Anreisemodalitäten fragen
- → etwas anbieten
- → um Hilfe oder einen Rat bitten
- → und bitte jeweils in anderer Formulierung

Komplimente – ja oder nein?

Komplimente über die Figur, Kleidungsstücke, Accessoires und Ausstattungsgegenstände sind riskant, denn oft werden Anmache, Neid oder Ironie unterstellt. Haben Gegenstände jedoch Appellcharakter, sieht die Sache anders aus. Wer eine auffällige Designerbrille trägt, fordert einen Kommentar geradezu heraus. Wer eine überdimensionierte Skulptur eines aufstrebenden Künstlers in sein Foyer stellt, ebenfalls.

Komplimente anzunehmen fällt vielen schwer. Zum einen beinhalten sie eine Aufwertung, die mit dem Gebot der Bescheidenheit kollidiert. Da wiegeln wir dann ab: »Ist schon älter« oder »War gar nicht so teuer, wie es aussieht«. Andererseits enthält ein Kompliment ein Lob und Lob beinhaltet ein hierarchisches

tipp

Lassen Sie sich durch ein Kompliment nicht in ein Status-Spielchen hineinziehen. »Danke«. Lächeln. Das war's. Freuen können Sie sich zu Hause. Ärgern auch.

Komplimente sind häufig »Trojanische Pferde« – man weiß erst später, was sich wirklich hinter ihnen verbirgt.

Gefälle: Die Mutter lobt das Kind, der Lehrer die Schüler, die Chefin die Mitarbeiter, nicht umgekehrt.

Komplimente zurückweisen

In einem Restaurant war diese Szene zu beobachten: »I am so happy to be here with you. You are such a nice person to be with«, schwärmte die Besucherin aus Amerika. Ohne jeden Bezug zu diesem direkten und umfassenden Kompliment wollte die Gastgeberin, »deren Gesellschaft so angenehm ist«, wissen, welches denn die nächste Etappe der Deutschlandreise sei.

Typisch deutsch? Nicht unbedingt. Es gibt auch im deutschen Sprachraum Personen, die in bestimmten Situationen auf die Beziehung zum Gesprächspartner mehr Wert legen als auf den reinen Sachinhalt des Gesprächs. Sie tendieren entsprechend eher zu positiven persönlichen Äußerungen.

Wer hierzu keine Affinität hat, hat die Wahl: Er schweigt. Oder er tut, was die deutsche Gastgeberin im Restaurant tat: Er filtert den reinen Sachbezug aus der Aussage heraus und rettet sich in für ihn sicherere Gefilde. Wer es gut meinte, ist geprellt. Wer eine Anmache versuchte, richtig gestraft.

Bekannt machen

Bei Messen, Kongressen, in Assistenz und Sekretariat geht es häufig, so traurig das sein mag, nicht um Sie. Die Besucher, denen Sie begegnen, sind auf dem Weg zu Ihrer Vorgesetzten, zu einem Fachkollegen, zu einer Sachbearbeiterin. Sie empfangen, geleiten, begleiten, beschäftigen, vertrösten sie. Sie tragen die Verantwortung dafür, dass in den ersten Minuten ein gutes Klima geschaffen wird, von dem die Personen, für die Sie arbeiten, profitieren. Setzen Sie Ihre Fähigkeit, Verbindungen herzustellen, ein, um Ihre Gäste auf diese Personen vorzubereiten.

Stellen Sie sich mit Ihrem vollständigen Namen und Ihrer Funktion vor. Sprechen Sie auf dem Weg über die Person, zu denen Sie den Gast führen: »Frau Meier erwartet Sie schon« oder »Herr Müller ist in zwei Minuten bei Ihnen«.

Trifft der Besucher die Person erstmalig, nennen Sie deren Vor- und Nachnamen und ihre Funktion und Kompetenz mit Bezug auf das Treffen: »Ich geleite Sie direkt ins Besprechungszimmer. Dort erwartet Sie Liane Krämer, die das Projekt XYZ betreut. Sie ist die Assistentin des Marketingleiters Herrn Schulze, den Sie ja bereits kennen.« So bauen Sie schon im Vorfeld eine Brücke zwischen dem Besucher und der Person, zu der Sie ihn geleiten.

Machen Sie die Ankommenden und die Anwesenden miteinander bekannt.

Wissen ist Macht. Darum wird beim Bekanntmachen die – warum im jeweiligen Zusammenhang auch immer – wichtigere Person als Erste informiert. Anke, die Assistentin in diesem Beispiel, beginnt niemals mit den Worten: »Frau Krämer, das ist Herr Huber«. Denn damit würde Frau Krämer vor dem Besucher und somit als erste Sicherheit und Anerkennung erfahren. Diese Art der Weitervermittlung erlebt sie häufig bei Ärzten. Da sagt die Assistentin oder die Kollegin mit größter Wahrscheinlichkeit: »Herr Doktor, hier ist die Patientin«. Anke hingegen betrachtet den Mediziner als Dienstleister und sich, die Patientin als Kundin. Sie würde also den Patienten die Ehre zuteil werden lassen, zuerst informiert zu werden.

Für Anke ist in ihrem beruflichen Umfeld der Besucher – hier Herr Huber – Gast und damit »wichtiger«. Daher informiert sie ihn zuerst. Das klingt dann komplett so:

tipp

Entwickeln Sie einen verbindlichen Standard für das Bekanntmachen. Dann bleiben Sie nicht an der Frage »Wie mache ich das jetzt?« hängen und können sich voll und ganz auf die Menschen konzentrieren, mit denen Sie es zu tun haben.

Das gilt gleichermaßen für die Vermittlung in der Begegnung wie für die am Telefon.

Erster Schritt: »Herr Huber, ich freue mich, Sie mit Liane Krämer bekannt machen zu dürfen. Sie wissen ja, Frau Krämer ist verantwortlich für Ihr gemeinsames Projekt.«

Zweiter Schritt: »Frau Krämer, Herr Alex Huber ist eben eingetroffen. Er kommt direkt vom Flughafen zu uns.«

Daraufhin kann Frau Krämer den Gast willkommen heißen und hat bereits einen Einstieg: »Vom Flughafen? Stimmt, Sie kommen direkt aus Madrid.«

Im Idealfall bedankt sie sich umgehend bei Anke. Das signalisiert ihr, dass sie den Raum verlassen darf, und zeigt dem Besucher, dass in diesem Unternehmen auf ein gutes Miteinander Wert gelegt wird.

Ein festes Zeremoniell macht sich auch gut bei Veranstaltungen, bei denen für das Unternehmen interessante Gäste mit Vorgesetzten oder Kollegen zusammengeführt werden.

interview

»Wie war die Anreise?« Soeben hat mich die vierte Sekretärin mit den exakt gleichen Worten empfangen. Auf derart stereotype Begrüßungen kann ich wirklich verzichten. Mein Verdacht, dass ihr die Antwort vollkommen gleichgültig war, hat sich dann auch schnell bestätigt. Sie wartete sie nicht einmal ab. Stattdessen kam gleich die nächste Frage: »Darf ich Ihnen vielleicht einen Kaffee anbieten?« Dabei dürfte sie nach drei Jahren eigentlich wissen, dass ich Teetrinker bin.

VON MENSCH ZU MENSCH: WIE SIE GESCHICKT EINSTEIGEN

Wenn Sie auf Menschen zugehen, sollten Sie wissen, was Menschen brauchen. Es gibt zahlreiche Modelle, die die Motive der Menschen darlegen. Die Motivliste des amerikanischen Psychologen Abraham Maslow bietet einen umfassenden Überblick und dies ist gerade für die zügige Herstellung guter Beziehungen eine unverzichtbare Hilfe. Sie unterscheidet fünf Ebenen:

→ Grundbedürfnisse
→ Sicherheitsbedürfnisse
→ das Bedürfnis nach Zugehörigkeit
→ das Bedürfnis nach Anerkennung
→ das Bedürfnis nach Selbstverwirklichung

Sie können sich nämlich bei jeder noch so kurzen Begegnung fragen: Welche Bedürfnisse meines Gegenübers müssen befriedigt sein, so dass es ihm in meiner Gesellschaft gut geht – und mir selbst idealerweise auch?

Die Person im Mittelpunkt

Aktenzeichen, Kundenkennziffer, Kreditkartennummer, Patientenkennzahl – nicht nur in unserem beruflichen Umfeld werden wir als Ziffern ohne Identität verwaltet. Wie angenehm ist es da, wenn jemand auf uns zugeht, und uns signalisiert: »Schön, dass Sie hier sind!«

Gerade in einem von Zweckdenken, Hektik und Anonymität geprägten beruflichen Rahmen erfahren Sie positive Reaktionen auf eine persönliche Ansprache. Denn natürlich ist auch dort Zeit Geld, doch in der Gesellschaft angenehmer Personen ist das Geldverdienen erquicklicher.

»Wie war die Anreise?« klingt stereotyp, antrainiert, im schlimmsten Fall gleichgültig. Wie anders hört sich an: »Sie fliegen doch immer über Frankfurt. Gab es da heute früh nicht Verzögerungen wegen Nebel?« Da hat jemand zugehört und mitgedacht!

»Letztes Mal haben Sie Tee getrunken. Darf ich Ihnen heute auch einen anbieten?« Da hat sich jemand an ein Individuum erinnert.

So sehr es dabei auch menschelt: Smalltalk verbessert die Geschäftsverbindung und damit die Aussicht auf Geschäftserfolg. Durch Smalltalk Menschen kennen zu lernen heißt für den professionellen Verkäufer: ihre Bedürfnisse und damit ihren Bedarf an Waren

checkliste

Was können Sie tun, um die Bedürfnisse anderer, mit denen Sie zügig eine gemeinsame Basis finden möchten, zu befriedigen?

- ✔ Grundbedürfnisse: Welche Getränke, Speisen, welchen Komfort können Sie anbieten?
- ✔ Sicherheitsbedürfnisse: Sie sollten durch eine geschickte Platzierung im Raum und mithilfe von Informationen möglichen Unsicherheiten vorbeugen beziehungsweise sie aus dem Weg räumen.
- ✔ Das Bedürfnis nach Zugehörigkeit: Welche Gemeinsamkeiten haben Sie, welche liegen auf der Hand? Welche Personen führen und platzieren Sie zusammen?
- ✔ Das Bedürfnis nach Anerkennung: Wie erweisen Sie Ihren Gesprächspartnern Respekt? Sie wissen ja: Lieber der Ehre ein wenig zu viel als auch nur etwas zu wenig.
- ✔ Das Bedürfnis nach Selbstverwirklichung: Als was sieht sich Ihr Gegenüber gern? Wie können Sie garantieren, dass diesem gewünschten Selbstbild in Ihrer Anwesenheit tatsächlich auch entsprochen wird?

und Dienstleistungen kennen zu lernen. Ganz zweckfrei muss der Smalltalk nicht bleiben. Diese Spielregel ist der Event-Organisatorin, die auf dem Golfplatz Networking betreibt, genauso gegenwärtig wie dem Vermögensverwalter, der auf dem Kreuzfahrtdampfer Ausschau nach potenzieller Kundschaft hält.

Klartext reden

»Man sollte vielleicht mal den Ober um seine Aufmerksamkeit bitten.«
»Hier müsste mal eine Aufräumaktion eingeleitet werden.«
»Die Stimmung könnte besser sein.«
Solange diese Teilnehmer an einer After Work Party sich hinter Allgemeinplätzen verstecken,

Das Risiko einer Abfuhr ist bei der indirekten Ansprache gleich null!

werden sie keine Kontakte knüpfen. Denn wer spricht schon gern mit unbekannten Größen? Tun Sie im Smalltalk das, was Sie möglichst immer tun, in Ihren privaten Gesprächen wie im offiziellen Schriftverkehr:

- → Bilden Sie Aktiv-Sätze statt Passiv-Konstruktionen.
- → Verzichten Sie auf verallgemeinernde Ausdrücke wie »man« und »die Leute hier«; nennen Sie Ross und Reiter, trennen Sie klar zwischen »ich« und »Sie«.
- → Blasen Sie nicht ganz normale Tätigkeiten mit Worthülsen auf; statt »sich erlauben, eine Bemerkung zu machen«, legen Sie los!
- → Statt abstrakte Möglichkeiten in den Raum zu stellen wie »Ein Bier täte gut«, schlagen Sie Aktionen vor: »Gehen wir zusammen an die Bar?«

Indirekt ansprechen

Je klarer Sie sich äußern, je mehr Sie sich als real existierende Person präsentieren, je weniger Sie blenden und bluffen, desto leichter schwören Sie Ihr wenig bis gar nicht bekanntes Gegenüber auf eine positive Reaktion ein. Das können Sie auf offene und auf geschützte Weise tun.

Ruth ist allein bei der Eröffnung einer Ausstellung im örtlichen Bürgerbüro, möchte aber nicht allein bleiben; sie möchte auch nicht ihre Bekannten bitten, sie vorzustellen: Selbst ist die Frau!

Bei ihrem ersten Versuch der Kontaktaufnahme wählt Ruth den indirekten Weg. Sie stellt sich vor ein Bild und betrachtet es konzentriert. Als ein junger Mann neben sie tritt, murmelt sie vor sich hin: »Diese Farben!

Wenn ich nur wüsste, an welchen Künstler sie mich erinnern.« Ginge der junge Mann wortlos weg, hätte sie sich nichts vergeben. Null Risiko!

Doch mit großer Wahrscheinlichkeit geht er auf den Monolog ein: »Keine Ahnung, ich kenne mich in Kunst leider überhaupt nicht aus.« Nun muss Ruth nur noch einhaken und ist schon im Gespräch.

Oder er reagiert anders: »Es könnte Miró sein, aber das weiß meine Schwester besser. Du, Kirsten, kannst du mal kommen?« Schon hat Ruth zwei neue Bekannte.

Eine weitere Alternative: »Das kann ich Ihnen gleich sagen: Es ist Picasso. Aber ich wüsste von Ihnen gern, wie Ihnen das Bild gefällt, ich schreibe nämlich für die Lokalzeitung einen Bericht über diese Veranstaltung!«

Natürlich ist Ruth hier nicht bei einer Vernissage im fachlichen Umfeld einer Kunstakademie. Natürlich hat sie sich nicht zwischen Betrachter und Kunstwerk gestellt; diese Art der Kontaktaufnahme würde wahrscheinlich schneller gehen, als ihr lieb ist: »Gehen Sie mal weg da, Sie!«

Natürlich hat Ruth nichts Negatives gesagt. Im Extremfall ist der Angesprochene der Künstler selbst oder der Organisator und kritische Anmerkungen würden nach einer höflichen Einleitung auf fruchtbareren Boden fallen, als fiele sie mit der Tür ins Haus.

Zu weiteren Übungen der Kontaktaufnahme kommt Ruth bei dieser Vernissage nun nicht mehr. Sie verbringt die gesamte Zeit mit dem jungen Mann, seiner Schwester, seinem Kollegen von der Zeitung und all den anderen Besuchern, die sich in das Gespräch einklinken. Sie geht auch nicht ohne die Telefonnummer des jungen Mannes nach Hause.

Was lernen Sie von Ruth?

Ein Selbstgespräch wird in Gesellschaft als Einladung verstanden. Lassen Sie zwanglos einen Versuchsballon steigen, indem Sie Ihr Interesse, Ihr Erstaunen, Ihre Begeisterung äußern. Das wird nicht nur als Aussage über den kommentierten Gegenstand verstanden, sondern auch als eine Aussage über die Beziehung der Personen: Mit Ihnen kann man über Ihre persönlichen Einschätzungen und Voraussetzungen sprechen!

tipp

Beweisen Sie Fingerspitzengefühl. Ihr Name und Ihre Tätigkeit tun bei der sanften Annäherung nichts zur Sache. Ihre Identität können Sie im Lauf des Gesprächs, wenn nötig, einführen: »Übrigens, ich bin ...«

Direkt ansprechen

Laden Sie zu einer Veranstaltung ein, die dem Kennenlernen in beiderseitigem Interesse dient, ist es nicht nur Ihr Recht, Gäste anzusprechen, sondern sogar Ihre Pflicht. Identifizieren Sie sich, machen Sie individuelle Gesprächsangebote und bringen Sie die Identität Ihrer Gesprächspartner in Erfahrung.

Heike ist Privatkundenberaterin und soll bei

einer Veranstaltung potenzielle Kunden für die Dienstleistungen ihrer Bank interessieren. Sie tritt auf eine Dame ihres Alters zu, grüßt sie und legt dabei das ihr eigene verbindliche Verhalten an den Tag.
»Guten Abend. Erlauben Sie mir, dass ich mich Ihnen vorstelle. Ich heiße Heike Kröhl und berate hier bei der ABC Bank die Privatkunden.«
Pause. Heike lässt der Unbekannten die Zeit, ebenfalls ihre Identität preiszugeben. Da die Angesprochene sich von Heike nicht eingeengt fühlt, geht sie auf das Angebot ein: »Baumann. Guten Tag.« Sie streckt Heike sogar die Hand hin. Was Heike als Repräsentantin der gastgebenden Bank im Sinne eines Willkommensgrußes von sich aus hätte tun können. Doch sie entscheidet sich für ein sanfteres Vorgehen, das sich jetzt auszahlt.
Heike: »Ich höre diesen Referenten heute zum ersten Mal; es heißt ja von ihm, dass er sein Thema mit viel Herzblut behandelt.« Keine direkte Frage, keine Nötigung an Frau Baumann, mehr über sich preiszugeben, als ihr lieb ist. Keine Verunsicherung, darum gute Chancen auf Fortsetzung.
Frau Baumann: »Ich weiß gar nichts über ihn. Mein Mann bat mich, hierher zu kommen, weil das Thema für unsere Familie wichtig ist. Er selbst kommt erst morgen aus Mailand zurück.«
Wenn das keine Informationen sind! Heike tappt nicht in die Falle, die Dame mit Fragen zu bombardieren. Sie bleibt auf stilvolle Weise persönlich: »So geht es mir auch. Obwohl ich von Berufs wegen hier bin, finde ich es persönlich sehr spannend, dass ...« Bravo, Heike!

tipp

Stellen Sie sich mit Ihrem kompletten Namen vor. Achten Sie bei der Beschreibung Ihrer Funktion darauf, dass diese für Außenstehende nachvollziehbar ist. Fantastische Qualifikationen wie »Junior Product Manager« oder »Senior Adviser« sind eher dazu geeignet, Nicht-Eingeweihte zu verunsichern, statt sie zu informieren!

Die Visitenkarte

Ihre Visitenkarte können Sie bei öffentlichen Veranstaltungen wie im Berufsalltag bei der Gesprächseröffnung überreichen. Das gibt dem Gegenüber die Sicherheit, Sie richtig einzuordnen und korrekt anzusprechen. Japaner würden das niemals anders machen.
Sie können Ihre Karte auch erst im Lauf des Gesprächs zücken. Sind Sie in der Anwärmphase etwas fortgeschritten, ist Ihr Gegenüber eher bereit, Ihnen im Gegenzug seine Karte zu überreichen oder seine Telefonnummer zu diktieren.
Was lernen Sie von Heike? In manchen Situationen ist die direkte Ansprache nicht nur fair, sie wird sogar von Ihnen erwartet. Zwar ist Heikes Thema die Bank, sie stellt aber den Menschen in den Mittelpunkt. Sie knüpft den

Draht zu Frau Baumann so individuell, konkret und persönlich, dass diese ihr am Ende des Gesprächs ihre Karte überreicht. Heike nimmt diese entgegen, vermeidet den Fehler, sie hastig wegzustecken, sondern liest sie aufmerksam und stellt fest: Frau Baumann wohnt in der Südstadt! Da hat doch Heikes Tante … Doch das kennen Sie ja schon.

Wie Sie sich Namen merken

Dass sich zur Erhöhung der Merkfähigkeit der Einsatz von Eselsbrücken bewährt hat, wissen Sie noch aus Kindertagen. Viele Erwachsene haben diese Stützen gerade deshalb lange als »kindisch« abgetan und verzichten auf ein wertvolles und hilfreiches Instrument. Glücklicherweise sind aber auf Wissen und Gedächtnis basierende Fernseh-Shows dabei, die alten Methoden zu rehabilitieren und deren Weiterentwicklung einer breiten Öffentlichkeit zugänglich zu machen.
Hier ein Beispiel: Ein Besucher stellt sich als »Kai Haussmann« vor. Wie merken Sie sich den Namen?
Lösungsmöglichkeiten:
→ **Visuelles Vorgehen vom Allgemeinen zum Besonderen:** Sie kennen wahrscheinlich irgendeinen Kai und können Herrn Haussmann neben diesen Mann stellen. Schon ist die erste bildliche Verbindung da.
Nun sehen Sie Herrn Haussmann als Hausmann: beim Wäschewaschen oder Kinderfüttern. Das ist das zweite Bild. Damit Sie Herrn Haussmann gegenüber keine unbewusste Barriere aufbauen, sollte es für Sie mit positiven Assoziationen belegt sein.
Ist es das nicht, sehen Sie lieber zu, wie der Mann aus einem Haus tritt. 1. Haus, 2. Mann, macht zusammen Haussmann. Die Rechtschreibung ist zu diesem Zeitpunkt noch nicht Ihr Thema.
Um auch in dieser Hinsicht sicherzugehen, und schauen Sie sich nun die Visitenkarte oder das Namensschild des Herrn an. Oder Sie schreiben Herrn Haussmanns Namen – virtuell natürlich – Buchstabe für Buchstabe auf seine Stirn. Beim nächsten Treffen sehen Sie den Namen automatisch mit.

check-up

Was für ein Gedächtnis-Typ sind Sie?

- ✔ Sie wollen sich etwas merken, eine Einkaufsliste zum Beispiel oder eine Telefonnummer. Machen Sie sich dann eher ein Bild von dem Inhalt der Informationen? Oder sprechen Sie sich die Informationen vor?
- ✔ Schließen Sie normalerweise vom Detail auf das Ganze oder vom Ganzen auf das Detail?
- ✔ Geben Sie fremde Namen in entsprechender Reihenfolge in Ihren Gehirnspeicher ein.
- ✔ Zur besseren Absicherung kombinieren Sie die Methoden.

Mithilfe von Eselsbrücken lassen sich Namen viel besser merken.

→ **Vom Detail ausgehende Kombination visuell-auditiv:** Sie sehen auf der Karte als Erstes das Doppel-s. Damit sind Sie in Paris, wo Sie ein Semester studiert haben und wo dem Städtebauer Haussmann mit der Benennung eines Boulevards die Ehre erwiesen wird. »Haussmann« sprechen Sie dann anders aus als Herr Haussmann selbst, nämlich am Anfang so ungefähr wie die »Hausse« an der Börse oder wie »Oswald«.
Dass der Vorname Kai dem Seine-»Quai« nahe kommt, hilft Ihnen zusätzlich. Sie brauchen Kai Haussmann nun gar nicht über den Boulevard spazieren zu sehen: Sie haben den Namen im Ohr. Da er mit einer guten Erinnerung verknüpft ist, können Sie positiv gestimmt auf Herrn Haussmann zugehen.

Je mehr Aufmerksamkeit und Gefühl Sie in das Einspeichern von Namen investieren, desto leichter können Sie sie später abrufen. Sie haben nur eine Ahnung, wissen aber nicht genau, wie man einen fremdsprachigen Namen ausspricht? Fragen Sie! Der andere wiederholt seinen Namen mit Sicherheit gern noch einmal und erläutert auch nicht ohne Stolz dessen Herkunft.
Bereiten Sie sich, wenn das möglich ist, auf Namen vor. Lassen Sie sich die Listen von Verhandlungspartnern, Besuchern und Seminarteilnehmern im Vorfeld aushändigen. Sortieren Sie sie nach Kriterien, die Ihnen Assoziationen ermöglichen: Vorname, Alter, Herkunftsort, Geburtsdatum. Selbst wenn Sie so »nur« 20 Namen memorieren – diese Personen identifizieren Sie beim Erstkontakt sofort. Damit haben Sie schon eine ganze Reihe Bekannter! Auf das Erstaunen der Personen folgt garantiert die Anerkennung. Und sehr oft die Frage: »Wie machen Sie das bloß?«

Name vergessen

Tia ist Hoteldirektorin. Sie weiß um die Bedeutung eines persönlichen Zugangs zu Menschen. Bei einem Vortrag trifft sie eine Dame, die regelmäßig Gast in ihrem Haus ist. Tia erinnert sich: »Das Wort, das ein Mensch am liebsten hört, ist sein eigener Name.« Der Name der Dame will ihr aber nicht einfallen. Zu allem Überfluss spricht diese Tia mit ihrem vollen Namen an. Tia ist entsetzt über die Lücken in ihrem Gedächtnis. Was ihr den Zugang dazu aber keinesfalls erleichtert. Im Gegenteil: Die negative Emotion trägt ihr Scherflein zur Blockade bei!

Tia hat die Wahl:
→ Sie kann die Anrede vermeiden.
→ Sie kann versuchen, eine weitere Person ins Gespräch zu ziehen. Entweder die Person kennt die große Unbekannte und spricht sie mit ihrem Namen an. Oder die Dame stellt sich selbst vor. In beiden Fällen hört Tia den Namen.
→ Sie kann wortreich ihr schlechtes Namensgedächtnis beklagen und durch dieses Bekenntnis Beißhemmung erzeugen.
→ Sie kann ihrer Freude über das Wiedersehen glaubhaft Ausdruck verleihen und auf gemeinsame Erlebnisse verweisen: »Dieses schlechte Wetter, als Sie letztes Mal im Frühjahr bei uns waren«. Auf dieser guten Basis der Achtung vor der Individualität der Dame kann sie – fast flüchtig – bitten: »Sagen Sie mir grade noch einmal Ihren Namen bitte?«

Tia entscheidet sich für die letzte Lösung. Erleichterung macht sich breit, nicht nur bei ihr: »Was, das passiert Ihnen in Ihren jungen Jahren auch? Wissen Sie, ich hatte Sie vorhin schon gesehen und eine Mitarbeiterin nach Ihrem Namen gefragt.«

Sich auf den Gesprächspartner einlassen

»Was, das wussten Sie nicht? Das kann ich gar nicht glauben.«
»Da sind Sie ja. Ich warte schon eine halbe Stunde auf Sie.«
»Sie waren im Starlight Express, ach so. Ich bei den Karajan-Festspielen.«
»Entschuldigung, Areal, nicht Arenal. Arenal ist ein Ort auf Mallorca, Sie meinten aber Gelände allgemein, das heißt korrekt A-r-e-a-l.«
So gut Sie es auch meinen – mit Belehrung und Tadel kommen Sie nicht weit. Sie schrecken Ihre Gesprächspartner geradezu ab. Zwar wissen diese nun, dass Sie ein gebildetes Wesen sind und gnädigerweise Kontakt zu ihnen haben. Doch da Ihr Ziel das zügige Herausarbeiten von Gemeinsamkeiten ist, sind selbst unterschwellige Bewertungen völlig fehl am Platz. Sie haben beim Smalltalk keinen pädagogischen Auftrag!
Vielleicht ist dies die schwerste Bedingung für das Gelingen des Smalltalk: Prinzipien hintanzustellen, sich gänzlich auf den Menschen zu konzentrieren, mit dem Sie zu tun haben und das Kategorisieren in richtig/falsch oder gut/schlecht für eine Weile bleiben zu lassen.

tipp

Wenn Sie schon »über Gott und die Welt« reden – können Sie dann nicht auch den lieben Gott einmal einen guten Mann sein lassen? Ihr Weltbild wird dadurch nicht ins Wanken kommen. Es könnte aber – durch das unvoreingenommene Betrachten anderer Welten – um die eine oder andere Facette erweitert und bereichert werden. Dass Sie dies für andere zum gern gesehenen Gesprächspartner macht, ist eine durchaus positive Nebenwirkung.

Unsympathisch? Gibt's nicht!

Marco hat vor dem Messestand eines Zeitungsverlags einen Besucher angesprochen und ihn dafür interessiert, sich die heutige Ausgabe des Blattes anzusehen. Natürlich wäre es Marco lieb, wenn der Herr einen Abonnementvertrag unterschriebe. Doch vor den Erfolg ist der Smalltalk gesetzt.
Leider ist der Besucher Marco nicht auf Anhieb sympathisch: Er hat sich negativ über die Messeorganisation geäußert, hat die Bewirtung getadelt, und von der renommierten Zeitung hat er kaum etwas gehört. Das darf Marco nicht abhalten: »Sie sagten, Sie kämen soeben vom Vortrag der Werbepsychologin im großen Saal. Sie soll etwas über den Unsinn von Witzkampagnen gesagt haben. Wie hat sie das gemeint?«
Der Besucher: »Das hat sie überzeugend ausgeführt. Es ist so: ...«
Marco hätte sich auf das hohe Ross des Fachmanns in Medienangelegenheiten setzen können, der Besucher hätte dann etwas über die Presse im Allgemeinen und das Blatt im Besonderen gelernt. Hätte er sich gern mit Marco unterhalten? Wohl kaum. Marco hat das Pferd anders herum aufgezäumt: Er hat dem Herrn eine Kompetenz zugesprochen, über die er selbst zufällig nicht verfügt, und ihm damit einen hohen Status zugewiesen. Kluger Kopf!
Was lernen Sie von Marco?
Motivieren Sie Ihr Gegenüber, indem Sie es an seiner stärksten Stelle packen. Das ist ein verblüffend einfaches Mittel, um Sympathie herzustellen. Weil es als Bekundung von Interesse und Achtung interpretiert wird.

tipp

Streichen Sie das Widerspruch einleitende Wort »aber« aus Ihrem Smalltalk-Wortschatz. Bauen Sie stattdessen mit dem Wörtchen »und« eine Brücke. Es geht nicht um Gewinnen und Verlieren, sondern um einen partnerschaftlichen Austausch.

Aussteigen

Amerikaner messen eine Veranstaltung an der Anzahl der fremden Visitenkarten, die sie am Ende mit nach Hause nehmen: Viele Kontakte, festes Netzwerk, großer Erfolg! Das hat zur Folge, dass sie sich nach dem Knüpfen eines Kontakts bald wieder verabschieden müssen, um den nächsten aufzubauen.
Zum Einstieg Interesse signalisieren und sich dann schnell entfernen, das ist prekär. Sie wollen schließlich nicht den Eindruck vermitteln, so interessant sei diese Person doch nicht gewesen. Somit wird das Verabschieden zur Kunst. Wie sagen die Franzosen so schön melancholisch? »Jeder Abschied ist wie ein kleiner Tod.«
Ruth verabschiedet sich gar nicht. Heikes Begegnung mit Frau Baumann wird durch den Vortrag auf selbstverständliche Weise beendet. Marco verlässt den Smalltalk auf dem Weg ins Verkaufsgespräch. Hören wir zu,

wie die Medizinerin Tanja sich beim Ärzteseminar von einer Kollegin löst, die wie eine Klette an ihr hängt.
1. Versuch: »Wie man so vom Hölzchen aufs Stöckchen kommt ...« (Verallgemeinern und indirekt negativ bewerten)
2. Versuch: »So ganz allmählich sollte ich aber wirklich mal weiter.« (Vage ankündigen, aber nicht handeln)
3. Versuch: »Kennen Sie hier sonst jemanden?« (Dem Gegenüber die Regie aufbürden)
4. Versuch: »Ich muss wirklich gehen, mein Kollege wartet.« (Verantwortung an abwesende Dritte abschieben)
Tanja, so machen Sie keine gute Figur!
Was lernen Sie von Tanja?
Sie wollen/müssen gehen, also gehen Sie. Bei der Trennung haben Sie die gleiche Alternative wie beim Knüpfen eines Kontakts.

→ Sie können indirekt vorgehen und eine Person an einen anderen Ort begleiten und sie dort absichtlich aus den Augen verlieren oder die Person der Obhut eines freundlichen Dritten anempfehlen und mit einem »Wir sehen uns« den Rückzug antreten.
→ Sie können sich ebenso ohne Umschweife und vor allem ohne Rechtfertigung, die sich leicht wie eine Ausrede anhört, verabschieden: »Es war sehr anregend, sich mit Ihnen auszutauschen. Ich hoffe, diesen Faden können wir bald einmal weiter spinnen. Jetzt verabschiede ich mich von Ihnen. Bis zum nächsten Mal dann.«

Hier wurden folgende Punkte berücksichtigt:
→ Ein positives Resümee wertet auf.
→ Die positive Aussicht suggeriert Interesse.
→ Der Abschiedsgruß markiert die klare Trennung. Nun wenden Sie sich ohne Mühe Ihrem nächsten Gesprächspartner zu.

Beobachten Sie Ihre Vorgesetzten und andere VIPs. Hochrangige Führungskräfte, Ehrengäste und andere Honoratioren tun sich mit der Kontaktaufnahme ganz leicht.
Erstens werden sie häufig von Vermittlern vorgestellt. Und zweitens haben sie allein durch ihre häufige Anwesenheit in verschiedenen Gremien einen großen Kreis an Bekannten und solchen, die jemanden kennen, den sie kennen.

tipp

Grenzen Sie den Smalltalk zeitlich ein. Ihr Ziel ist schließlich, durch einen lockeren Austausch Annäherung herbeizuführen. Ist dieses Ziel nach einer guten Viertelstunde nicht erreicht, werden Sie mit Ihrer Plauderstrategie auch in den kommenden Stunden keine tragfähige Basis mehr herstellen, wie viele Themen Sie auch anschneiden mögen. Ist die vertrauensbildende Maßnahme durch Smalltalk nach 15 bis 20 Minuten gescheitert, steigen Sie auf Ihr geschäftliches Thema um oder steigen Sie ganz aus. Sie können das jetzt noch tun, ohne Ihr Gesicht zu verlieren.

interview

Vorhin habe ich ganz ohne Worte Kontakt geknüpft. Ich lud den Herrn, der an der Supermarktkasse mit einem einzelnen Joghurt in der Hand hinter meinem vollgepackten Einkaufswagen wartete, mit einem Lächeln und einer Handbewegung ein, mich zu überholen. Er bedankte sich und kommentierte lachend: »Soso, jeden Tag eine gute Tat!« Schon waren wir im Gespräch. Wie sagt das dänische Sprichwort? »Ein Lächeln ist die kürzeste Entfernung zwischen zwei Menschen.«

EIN GUTER EINDRUCK

Zu Beginn eines Kontakts ist unsere Aufmerksamkeit außergewöhnlich hoch, das haben wir unseren Ahnen zu verdanken. Freund oder Feind? Diese Entscheidung beim Aufeinandertreffen Fremder instinktiv richtig zu fällen konnte das Überleben sichern. In einer modernen zivilisierten Welt ist diese Fähigkeit zur Einschätzung »auf den ersten Blick« nicht mehr überlebenswichtig. Und doch ist die Konzentration auf das Gegenüber am Beginn einer Begegnung extrem hoch. Wir sortieren Neues umgehend ein, gleichen es mit unseren Erfahrungen, mit unserem Vorwissen und mit allgemeinen Zuschreibungen (um nicht »Vorurteile« zu sagen) ab. Das geschieht auch heute noch im Bruchteil einer Sekunde; derzeitig sprechen die Forscher aus der Sozialpsychologie von 250 Millisekunden.

Wie ein Eindruck entsteht

Wesentliche Aspekte bei der intuitiven Einschätzung eines Gegenübers sind:

- das Äußere
- das Verhalten im Raum
- das Lächeln
- Gemeinsamkeiten
- der Name
- der Akzent

Im weiteren Verlauf der Begegnung werden neue Eindrücke mit der ersten Einschätzung abgeglichen, der erste Eindruck wird bestätigt oder korrigiert. Da kommen weitere Komponenten zum Tragen:

- So wird intuitiv ein zentrales Merkmal beobachtet, um das herum sich weitere Wahrnehmungen bündeln. Meist ist dieses zentrale Merkmal eines, das sich auf die Interaktion bezieht, zum Beispiel »freundlich« oder »patzig«, »hilfsbereit« oder »unkooperativ«.
- Von diesem Merkmal wird auf weitere geschlossen. Die Gedankengänge laufen ungefähr so: Wer höflich ist, ist wahrscheinlich auch hilfsbereit. Wer unfreundlich grüßt, wird sich wohl auch später als unsympathisch erweisen.
- Bei der Einschätzung ist neben dem Vorwissen (über Bankerinnen, Versicherungsagenten …) auch das Umfeld der Begegnung entscheidend: Lernen Sie den Vermögensberater in Ihrem Wohnzimmer kennen, im Kleinstadtcafé oder im Nobelrestaurant?
- Ende nichts, alles nichts: Am Schluss einer Begegnung steigt der Aufmerksamkeitspegel wieder, der Abschied wird mit dem ersten Eindruck abgeglichen und prägt entscheidend die Erinnerung.

Ob Sie direkt oder indirekt Kontakt aufnehmen, verbal oder nonverbal: Rücken Sie sich ins rechte Licht. Von der Seite oder gar von hinten direkt angesprochen zu werden irritiert und verunsichert den Adressaten im schlimmsten Fall. Unterlassen Sie das lieber.
Sorgen Sie dafür, dass Sie gesehen werden. Das ist vor allem beim Betreten größerer Räume nicht leicht. Hätten Sie sich nur den Winterspeck weggehungert! Hätten Sie doch den Friseurbesuch nicht aufgeschoben! Und die

tipp

»Von den Besten lernen« – das ist zum Schlagwort geworden, Benchmarking nennen die Fachleute dieses Prinzip. Schauen Sie sich Menschen, die ähnliche berufliche Tätigkeiten wie Sie meistern, an: Wie wirken diese? Wie kommt dieser Eindruck zustande? Übernehmen Sie die Aspekte, die Ihnen beispielhaft erscheinen, in Ihr Verhalten. Aber bitte nur solche, die zu Ihnen passen.

Laufmasche am linken Fuß krabbelt auch allmählich Richtung Knie! Auf einer großen Bühne fallen Ihnen Ihre jüngsten Versäumnisse umso eindrücklicher ein: zu spät. Denken Sie um!
Katja, eine junge Beraterin, steht vor dem Meeting mit einem Vertreter der Mandantenseite zusammen. Sie weiß von ihm nur, dass er sich auf internationalem Parkett sehr souverän bewegt. Sie will mit einer kleinen Unterhaltung persönlichen Kontakt knüpfen, der dadurch erlangte Achtungserfolg soll sich positiv auf den Verlauf der Verhandlung auswirken. Katja will eine gute Figur machen.
Sie vermutet zu Recht: Menschen in gehobenen Positionen fühlen sich in der Anwesenheit von Personen gleichen oder höheren Ranges wohler als in der Gesellschaft von Menschen mit niedrigem Status: Hoher Status wertet alle Gesprächspartner auf.
Katja hat im Mandantenkreis genügend Gelegenheit, Menschen mit hohem Status zu beobachten. Sie zieht daraus ihre Schlüsse für ihr eigenes Verhalten.

tipp

Konzentrieren Sie sich auf Ihr Gegenüber. Charme heißt Zauber. Also versuchen Sie doch einmal, Ihre Zuhörer regelrecht in Ihren Bann zu ziehen, und staunen Sie über sich selbst.

Wartezimmer: Status-Spiel

Sie brauchen: vier Spieler, vier wie in einem Wartezimmer angeordnete Stühle, vier mit den Zahlen von 1 bis 4 nummerierte Karten, Zuschauer.
Jeder Mitspieler zieht eine Karte. Der Spieler, der Ziffer 1 zieht, hat in diesem Spiel den höchsten Status, wer die 4 zieht, den niedrigsten. Die gezogenen Ziffern bleiben geheim, selbst die Spieler dürfen nur die Ziffer kennen, die sie jeweils gezogen haben.
Die Aufgabe im Spiel besteht darin, sich an den anderen Spielern zu orientieren und sich entsprechend höher- oder niederrangig zu verhalten. Am leichtesten hat es die »Nummer 4«; sie braucht nur mit Demutsgesten alle übrigen zu unterbieten. Auch die »Nummer 1« hat es nicht schwer; Sie braucht nur die übrigen mit kraftvollem, das Ansehen steigernden Verhalten zu übertrumpfen. Die mittleren beiden müssen sich nach oben und nach unten abgrenzen.
Nun verlassen alle Spieler den Raum. Sie betreten ihn in beliebiger Reihenfolge und verhalten sich rollenkonform unter Einsatz ihrer Beobachtungsgabe sowie ihrer mimischen und rhetorischen Fähigkeiten.
Das Spiel ist zu Ende, wenn die meisten Zuschauer sicher sind, die Hierarchie der Rollenzuschreibungen erkannt zu haben. Bei der Auflösung dürfen über die Genauigkeit der Wahrnehmung hinaus die schauspielerischen Fähigkeiten der Spieler gewürdigt werden.
Das Spiel kann beliebig variiert werden. Zum Beispiel so:

→ Während die vier Spieler sich vor der Tür sammeln, wird ein Stuhl entfernt.

→ Die Arzthelferin bringt mit dem Ruf »Der Nächste bitte« Bewegung in die Gruppe.
→ Die Ärztin informiert: »Sprechstunde wegen eines Computerabsturzes beendet.«
→ Das Wartezimmer kann in ein Zugabteil umgestaltet werden.

Erstaunlich ist bei diesem Spiel zum einen, wie schnell die Rollenträger enttarnt werden, zum anderen, wie flexibel die Spieler aus sich herausgehen und dabei doch sie selbst bleiben. Kaum erstaunlich ist, dass die Zuschreibungen ohne Rücksicht auf die Kleidung stattfinden, was die Berechtigung der Aussage »Kleider machen Leute« nicht in Zweifel zieht, aber ergänzt.
Nicht erstaunlich ist, dass dieses Rollenspiel den Beteiligten wie dem Publikum eine Menge Spaß macht.

Wenig vertraute Menschen anzufassen zählt in Deutschland nach wie vor zu den Tabus.

Die volle Aufmerksamkeit

Während eines Firmenjubiläums knabbern Sie gerade an einem Lachsbrötchen, da kommt eine Geschäftspartnerin auf Sie zu. Stellen Sie Ihre Grundbedürfnisse hintan, konzentrieren Sie sich auf die Dame. Sie will schließlich mit Ihnen sprechen und Ihnen nicht beim Essen zuschauen. Alternative Beschäftigungen werden umgehend als fehlende Aufmerksamkeit betrachtet. Stellen Sie Ihr Essen weg und kümmern Sie sich um die Kommunikation.
Hier plaudern Sie mit einem Gast, dort kommt ein anderer an, den Sie auf keinen Fall verpassen möchten, Ihr Blick verfolgt verstohlen den anderen, Ihr Gesprächspartner interpretiert dies als mangelndes Interesse und so falsch liegt er dabei schließlich nicht.
Sehen Sie im Hintergrund eine »wichtige« Person, versichern Sie Ihren Gesprächspartner seiner Bedeutung und kündigen Sie Ihre Absicht an: »Diesen Herrn will ich gern auch bald begrüßen.« Klare Worte, klare Sache. Mit großer Wahrscheinlichkeit entlässt Ihr Gesprächspartner Sie von sich aus: »Lassen Sie sich nicht aufhalten.« Fairerweise nehmen Sie das Angebot nicht umgehend an und danken, wenn Sie es dann tun, für sein freundliches Entgegenkommen.
Müssen Sie auf die Uhr schauen: Bitte kein verstohlener Blick! Kommentieren Sie Ihren Blick auf positive Weise: »Ich sehe gerade, es

ist schon 20 vor 8. Aber ein paar Minuten bleiben uns noch, um so nett weiter zu plaudern.« Die Bedürfnisse Ihres Gegenübers

- → nach Sicherheit (der zeitliche Überblick: »ein paar Minuten noch«),
- → nach Zusammengehörigkeit (»uns«) und
- → nach Anerkennung (»so nett«)

haben Sie jedenfalls gestillt.

Wenig vertraute Menschen anzufassen zählt in Deutschland zu den großen Tabus. Wollen Sie, salopp gesprochen, eine Person loswerden, kann jedoch eine kurze, leichte Berührung am Arm die Methode der Wahl sein. Sie gilt als Signal: Ich gehe zwar weg, versichere sie aber gleichzeitig des Interesses am Kontakt.
So können Sie sogar die ungewünschte Anbahnung eines Kontakts unterbinden. Die Hand und das Lächeln sagen »Gut gemeint«, Ihr Kopfschütteln und das Wegdrehen des Oberkörpers signalisieren: »Nein danke«. So wahren Sie und der abgewiesene Kontaktsuchende ohne Statusverlust das Gesicht.

Wahrnehmen und aufnehmen

Zum Training Ihrer Aufmerksamkeit und Wahrnehmungsfähigkeit sind Memory und andere Spiele mit Kindern gut geeignet, auch wenn wir als Erwachsene da selten eine Chance haben zu gewinnen.
Eine größere Chance haben Sie mit dem Spiel »Freeze«, auch gibt es hier keine Gewinner und damit keine Verlierer, dafür aber Spaß satt. Sie benötigen einen Spielleiter, eine Reihe Mitspieler und etwas Platz.
Zwei Personen betreten die Bühne, das Publikum bestimmt den Ort des Geschehens, zum Beispiel einen Jahrmarkt, und gibt den Darstellern Identitäten, wie »ältere Dame« und »kleiner Junge«.
Sobald die Personen sich in ihre Rollen hineingefunden haben und die Aktion ihren Lauf nimmt, ruft der Spielleiter »Freeze«. Umgehend »frieren« die Darsteller ihre Bewegungen ein. Da bleiben Arme ausgestreckt, Knie gebeugt, Köpfe gesenkt …
Nun ersetzt ein Zuschauer einen der Darsteller, indem er aufmerksam dessen Körperhaltung wahrnimmt und anschließend exakt übernimmt.
Jetzt richtet er seine Aufmerksamkeit auf sich selbst. Er spürt nach, in welcher anderen Situation er diese Haltung einnehmen würde. In genau dieser Situation spielt er nun weiter. Der Mitspieler ist wachsam genug, um aus den Äußerungen und Bewegungen die Situation zu erschließen, in die der andere ihn manövriert hat. Vielleicht ist das jetzt »Lehrer und Schüler« im Klassenzimmer oder »Räuber und Gendarm« am Tatort.
Kaum haben sich die beiden in der neuen Szene »warm« gespielt, ruft der Spielleiter wieder »Freeze«.
Wenn Sie Ihre Wahrnehmungs- und Konzentrationsfähigkeit auf diese Weise spielerisch trainieren, werden Sie nicht nur aufmerksamer, sondern auch flexibler im Umgang. Und Sie gehen nicht das Risiko ein, »cocktail party eyes« zu haben.
Damit meinen die Amerikaner jenen unauffällig schweifenden Blick, der dem jeweiligen Gesprächspartner bei einer Cocktailparty signalisiert: Der andere schaut sich um, »ob sich nicht etwas Besseres findet«.

check-up

Welche körpersprachlichen Äußerungen gehen mit einem hohen, welche mit einem niedrigen Status einher? Theaterleute wissen das. Analysieren Sie einmal Ihr Verhalten in Gesellschaft unter diesem Aspekt.

- ✔ Geschmeidige langsame Bewegungen im Raum lassen auf hohen Status schließen. Vermeiden Sie ruckartige Schritte.
- ✔ Beim Gehen, Stehen oder Sitzen nach innen gedrehte Füße werden als Zeichen von niederem Status gesehen. Verzichten Sie auch darauf, die Beine beim Sitzen artig nebeneinander zu stellen.
- ✔ Sich Raum verschaffen, sich beim Sitzen zurückzulehnen – das wirkt mächtig, sich in einen tiefen Sessel zu kauern nicht. Wenn Sie schon auf einem Sofa sitzen müssen, dann wählen Sie die Ecke, lassen Sie sich nicht in der Mitte einkeilen.
- ✔ Auf Menschen mit niedrigem Status kann herabgeschaut werden. Ob Dame oder Herr: Stehen Sie zur Begrüßung langsam, aber sicher und niemals hektisch und verhuscht auf.
- ✔ Zum hohen Status passen gleichmäßige intentionale Gesten. Menschen mit niedrigem Status schlagen die Hände vors Gesicht oder verstecken sie in der Hosentasche.
- ✔ Menschen mit hohem Status halten den Kopf still und gerade.
- ✔ Ein authentisches Lächeln wirkt nicht nur einladend und damit sympathisch. Der gelassene Gesichtsausdruck lässt auch auf Kompetenz schließen und damit auf hohen Status. Wer sich seiner Sache sicher ist, verkrampft sich nicht.
- ✔ Beim Blickkontakt entscheidet sich der Status spätestens nach drei Sekunden. Früher galt die Annahme: Wer dominieren will, starrt sein Gegenüber an, dieses nimmt die Herausforderung an und starrt zurück oder schaut unterwürfig weg. Inzwischen wurde ermittelt: Wer es wagt, zuerst wegzusehen, ist dominant – aber nur, wenn er nicht unmittelbar danach wieder den Blick zurücklenkt. Wer den anderen ignoriert, hebt seinen Status. Sorgen Sie dafür, dass man um Sie nicht herumkommt!
- ✔ Zu einem hohen Status gehören auch eine ausgewogene Atmung und eine klare Sprache. Ein »äh« am Anfang eines Satzes wirkt eher schwach, ein gedehntes »äh« mitten im Satz jedoch nicht.

Im Gespräch bleiben

In unserer von flüchtigen Begegnungen geprägten Zeit ist die Fähigkeit, Kontakte zu halten, von erheblichem Vorteil – die persönliche Ebene dient dem Kennenlernen und der Einschätzung der Beteiligten. Die Beziehungspflege zur Steigerung von Berufserfolg und Wettbewerbsfähigkeit trägt für die Ohren von heute wohlklingende Namen wie »Networking«, »Lobbying« oder »Relationship Managing«. Gemeinsam ist den Begriffen der Grundgedanke: Echtes Entgegenkommen ist gefragt!

interview

Beim Abendessen mit Geschäftspartnern habe ich meine Kollegin Lisa wieder einmal bewundert: Sie tummelte sich wie ein Fisch im Wasser. Welches Thema auch angeschnitten wurde, sie war ständig ins Gespräch eingebunden, und das bis weit nach Mitternacht. Ich muss sie jetzt doch endlich fragen, wie sie das fertig bringt. Sie hat einen genauso anstrengenden Arbeitstag wie ich, doch ihr scheint das alles überhaupt nichts auszumachen. Sie kann sich beim Smalltalk richtig entspannen.

LUST AM AUSTAUSCH

Das Hauptziel eines längeren Smalltalks ist, bestehende Gemeinsamkeiten zu pflegen und auszubauen. Sie sind Bankerin und verstehen sich als Beraterin? Sie sind Techniker und an komplizierten Sachverhalten, nicht vorrangig an Menschen, orientiert? Sie haben in mittelalterlicher Sangeskunst promoviert und betrachten sich als Intellektuelle? Im schlimmsten Fall widerspricht es Ihrem Selbstverständnis, mit – in Ihren Augen – uninteressanten Zeitgenossen einen ganzen Abend lang über dies und das zu plaudern.

Was würden Sie tun, wenn Sie im Grunde Ihres Herzens mit einem aufgezwungenen Gesprächspartner Gemeinsamkeiten überhaupt nicht wünschen?

Da stellt sich schnell die K-Frage: Wie kommunikativ wollen Sie überhaupt sein?

Wie Smalltalk-kompetent möchten Sie sein?

Jens hat für sich die Frage nach seinen kommunikativen Fähigkeiten und Bedürfnissen längst beantwortet: Er weiß, dass er als leitender Angestellter in einer Unternehmensberatung im Dienst seiner Sache zuvorkommend zu den Gesprächspartnern zu sein hat. Er findet, das sollte dann aber reichen. Bei dem Gedanken, mit Geschäftspartnern seines Chefs einen kompletten Abend bei Tisch zu verbringen, dreht sich ihm der Magen um.
Er versteht sich als seriöse Person, »beliebiges, oberflächliches Geschwätz« lehnt er, als Gegenteil der ihm geläufigen Art des Austauschs, ab. Solange er sich in dieser Polarität bewegt, wird er nie entspannt eine leichte Unterhaltung führen können.
In einer Fortbildungsveranstaltung seiner Kanzlei macht Jens Bekanntschaft mit dem Werte- und Entwicklungsquadrat des Hamburger Kommunikationswissenschaftlers Friedemann Schulz von Thun. Damit analysiert er seine Haltung zum Smalltalk.
Seriosität ist ihm wichtig. Als positive Aspekte davon kann er Sachlichkeit, Verlässlichkeit und Vertrauenswürdigkeit durchaus für sich verbuchen.
Positive Elemente dessen, was er als »Oberflächlichkeit« ablehnt, will er gar nicht finden. Die Seminarteilnehmer zeigen sie ihm auf: Es sind zum Beispiel Leichtigkeit, Entspanntheit, Unverbindlichkeit. All diese positiven Aspekte von Gesprächsverhalten muss Jens nun gar nicht als Gegensätze betrachten, er kann sie auch als Ergänzungen verstehen, denn es geht dabei nicht darum, von einem Extrem ins andere zu fallen, sich von einem Pol in den diametral entgegengesetzten zu entwickeln. Dieses Schwarz-Weiß-Denken behindert eher die persönliche Entwicklung.
Die Idee ist vielmehr:

→ Die positiven Aspekte des gewohnten Denkens zu suchen.
→ Die positiven Aspekte der Vorstellung, die einem neu und nicht geheuer ist, zu finden.
→ Die Gemeinsamkeiten zwischen den beiden zu entwickeln.
→ Das Neue mit dem Alten zu verbinden und sich die konkrete Umsetzung dieser Verbindung zum Ziel zu machen.

Es lässt sich zum Beispiel entspannt über Dinge reden, die Jens verlässlich beherrscht. Leichtigkeit lässt sich mit Vertrauenswürdigkeit verbinden, sachliche Richtigkeit kann durchaus auf unverbindliche, nicht verbissene Weise zum Tragen kommen.

tipp

Seien Sie bereit, der Palette Ihrer Denk- und Verhaltensweisen eine weitere Farbe hinzuzufügen. Dann können Sie Ihre Wertvorstellungen entwickeln und brauchen sie nicht in Gegensatzpaaren zu zementieren.

wie sie ihre vorstellungen über sich selbst entwickeln

Was und wie Sie in kommunikativen Dingen sind: ↔ Was und wie Sie in kommunikativen Dingen keinesfalls sein wollen:

↓

Was daran positiv ist

Was an diesem Verhalten positiv zu sehen sein könnte

↓

Wie Sie die positiven Aspekte in Ihrem Sinn zusammenfügen

Jens ist nach dieser Übung bereit, sein nächstes Geschäftsessen unter einem neuem Aspekt zu betrachten. Er denkt dabei sicherlich an den dialektischen Zusammenhang von These, Antithese und Synthese.
Dieser Weg, die innere Einstellung zu reflektieren, ist nicht nur hilfreich, wenn es um Smalltalk geht. Er ist auch eine praktikable Orientierungshilfe, wenn Sie andere Menschen dazu bewegen wollen, ihren Standpunkt zu ändern.
Übrigens: Der amerikanische Physiker Arnold Penzias behauptet: »Nichts beflügelt die Wissenschaft so sehr wie der Schwatz mit Kollegen auf dem Flur.« Die Betonung liegt auf Schwatz, nicht auf (wissenschaftlich gebildeten) Kollegen!

Was halten Sie von Ihren Gesprächspartnern?

Die Theorie ist Ihnen sicher geläufig:
→ Für ein positives Image eines Unternehmens sind mehr als 75 Prozent zufriedene Kunden erforderlich.
→ Der zufriedene Kunde berichtet nach den Erkenntnissen der Customer-Relationship-Management-Forschung (CRM) im Durchschnitt drei Personen von seinen positiven Erfahrungen; der unzufriedene Kunde gibt seine negativen Erlebnisse an neun andere Personen weiter.
→ Neben dem Nutzen eines Produkts ist der Dialog mit den Ansprechpartnern die Bedingung für Kundentreue; Freundlichkeit und Menschlichkeit sind gefragt.

Gerade dieses Wissen wird uns zum Hindernis, wenn wir einen »mentalen Blick« auf unsere Kunden werfen:

→ Da ist Herr A, mit dem Sie schon mehrfach unangenehme Reklamationsgespräche führen mussten.

→ Da ist Frau B, die sich ununterbrochen mit ihren attraktiven Urlaubsbekanntschaften (»Errungenschaften«) brüstet.

→ Das Alphabet ist lang. Und der schneidige Kollege Z ist auch noch da, der sich die nettesten Gäste immer sofort schnappt und mit ihnen ein paar schöne Stunden macht.

Was aber tun Sie mit »blöden Leuten«? Sie können natürlich den schwarzen Hut aufsetzen und regelrecht schwarz sehen. Sie können aber auch etwas Positives an den Menschen finden.

Wählen Sie eine Person aus einer Reihe von Menschen, mit denen Sie hin und wieder für mehr als ein paar Minuten – die Sie ja gelassen überstehen – wider Willen Smalltalk machen müssen. Listen Sie auf:

→ Was stört Sie an dieser Person? Das fällt Ihnen nicht schwer, die Liste wird schnell lang oder enthält ein oder zwei starke Worte.

→ Der nächste Schritt fällt Ihnen möglicherweise nicht ganz so leicht:

Was gibt es über diese Person Positives zu erwähnen? Was kann sie, was tut sie Positives? Vielleicht ist es etwas, das Sie selbst nicht beherrschen, aber im Grunde Ihres Herzens schätzen?

Freunden Sie sich mit dem Satz »Es gibt immer irgend etwas Positives zu sagen« an.

Eine positive Ausstrahlung ist der erste Schritt zum Smalltalk.

Vielleicht können Sie sich sogar mit der weiter gehenden Vorstellung arrangieren, dass selbst eine negative Erfahrung eine Lernerfahrung ist und damit ein positives Vorzeichen in Ihrem Lebenslauf verdient.

Und auch die Frage »Was hat diese Person wohl zu dem gemacht, was sie ist?« verhilft zu einem Minimum an wohlwollender Distanz. Es geht hier nicht darum, eine Lanze für das positive Denken zu brechen, im Business »Heile Welt« zu spielen und selbst einen tyrannischen »König Kunden« durch die rosarote Brille zu betrachten. Es ist aber im Interesse der inneren Ausgeglichenheit von Vorteil, auch Menschen mit unangenehmem und unangemessenem Verhalten einen Platz im Menschen-Zoo zuzugestehen.

Steigern Sie Ihre Kreativität

Auf einem Betriebsfest sind die Kolleginnen in angeregte Gespräche vertieft, lachen und sind fröhlich. Corinna kann da nur aus der Ferne zusehen. Sie hofft, dass ihr Mann die Tochter von der Tagesmutter abgeholt hat, und wundert sich: Nachmittags hatten die Kolleginnen noch genauso gejammert und gemeckert wie sie. Schlimmer noch: Diesen Frauen fällt offensichtlich immer etwas ein. Wie machen sie das nur?
Vielleicht wenden sie, bewusst oder unbewusst, das Sechs-Hüte-Prinzip von Edward de Bono an. Der aus Malta stammende Denk-Forscher empfiehlt, sich aus der Palette der möglichen Denkstrategien bewusst für die in einer Situation günstigste zu entscheiden und seine Gedanken entsprechend zu steuern. Dieser Rat wird aus guter Erfahrung hier gern weiter gegeben.
Corinnas Kolleginnen schaffen es offensichtlich, beim Überwechseln vom Büro in den Festsaal auch einen Strategiewechsel in ihrer Denkweise herbeizuführen. Sie haben eines verstanden: Bei der Arbeit mochte der weiße, der blaue und vielleicht sogar der schwarze Hut der angemessene sein. Beim Betriebsfest aber passt mehr Farbe einfach viel besser.
Erhöhen Sie Ihre mentale Flexibilität, um auch längere Smalltalk-Situationen auf angenehme Weise zu meistern:

→ Setzen Sie sich den **roten Hut** auf, bleiben Sie im Hier und Jetzt, seien Sie sich Ihrer Gefühle bewusst, sie existieren unsichtbar ja sowieso.
→ Nehmen Sie dann den **gelben Hut.** Er hilft Ihnen, auf logische Weise Wege zu suchen und das Positive an den Dingen zu sehen.
→ Dann setzen Sie den **grünen Hut** auf: Er eröffnet Ihnen neue Möglichkeiten, ungeahnte Alternativen und ist auch hin und wieder für eine Provokation gut.

Corinna kann das Spielen mit Hüten üben, im Bus und auf dem Trimmdich-Rad. Übungen wie diese helfen ihr dabei. Machen Sie mit?

Es ist Sonntag 22 Uhr, Sie stehen allein an einem der Londoner Flughäfen und stellen fest: Ihre Handtasche mitsamt Geld,Kreditkarten , Ausweis, Handy, Adressbuch und Flugticket wurde gestohlen. Ihr Partner ist geschäftlich in Hongkong, Ihre Eltern sind im Urlaub. Wie kommen Sie pünktlich zu Ihrem Geschäftstermin, morgen um 8.30 Uhr in Leipzig?

Den schwarzen Hut setzen Sie jetzt besser nicht auf, sonst bleiben Sie noch die nächsten drei Wochen am Flughafen stehen. Nehmen Sie die bunten Hüte. Finden Sie mit ihrer Hilfe mindestens fünf kreative Lösungen. Für Corinnas Kolleginnen sind solche Aufgaben ein Kinderspiel. Für Corinna wird es mit etwas Übung im Lauf der Zeit auch eines.

Sprache kreativ nutzen

Die Kreativität und die Spontaneität, die Sie für mehr Freude am Smalltalk benötigen, können Sie nicht im Handumdrehen erwerben. Sie können sie aber trainieren. Zum Beispiel mit Denkspielen wie diesen.
Ein Hinweis vorweg: Die Antworten auf die

folgenden Fragen finden Sie, indem Sie zusätzlich zu Ihren herkömmlichen Denkstrategien ungewohnte/ungewöhnliche/ausgefallene Vorgehensweisen in Betracht ziehen. Dieses Beispiel ist Ihnen vielleicht bekannt: »Was ergibt dreimal Sieben?« Wenn von Kreativität die Rede ist, ist natürlich nicht an die Antwort »21« gedacht. Sondern: Dreimal Sieben ergibt feinen Sand. (Für den Fall, dass Sie noch auf der Leitung stehen sollten: Es ist das Sieben gemeint, nicht die Sieben. Alles klar?) Genauso wäre »feines Mehl« passend gewesen oder »Gold-Nuggets«, wenn das Sieben an einem Fluss im Wilden Westen vonstatten ging.
Haben Sie Lust auf mehr? Dann bitte:
1. Was kann man nicht mit Worten ausdrücken?
2. Was ist das Wichtigste am Dreieck?
3. Welcher Sportler kann höher springen als ein Kirchturm?
4. Warum baut man neue Häuser?
5. Was schmeckt besser als ein Bonbon?
6. Was fällt durch die Fensterscheibe, ohne sie zu zerbrechen?

Für den Fall, dass Sie reif für die Antworten sind, hier sind Vorschläge dazu. Wohlgemerkt, es sind Vorschläge. Denn korrekte Antworten gibt es hier selbstverständlich nicht. Es wäre paradox, Kreativität und Spontaneität durch die Bewertung »richtig oder falsch« einengen zu wollen.
Zu 1: Wollen Sie eine Zitrone ausdrücken, reichen Worte nicht. Ein von Akne geplagter Teenie wäre hier vielleicht eher auf einen Pickel gekommen. Auch gut.

das sechs-hüte-prinzip

Jede Denkstrategie wird durch eine typische Farbe symbolisiert.

Edward de Bono rät: Setzen Sie sich für eine bestimmte Strategie den passenden Hut auf.

- ✔ Der weiße Hut ist weiß wie ein leeres Blatt Papier und steht für die Informationen, die Sie haben und/oder brauchen.
- ✔ Der rote Hut ist rot wie Feuer und Wärme und vertritt Ihre Gefühle und Ihre Intuition.
- ✔ Der schwarze Hut hat die Farbe des Talars eines Richters, der Fehler verhindert und Sie vor Gefahren schützt.
- ✔ Der gelbe Hut ist hell und klar wie die Sonne und symbolisiert Ihren Optimismus.
- ✔ Der grüne Hut ist so grün wie die Vegetation und steht für Ihre neuen Ideen.
- ✔ Der blaue Hut trägt die Farbe des Himmels, der Ihnen Überblick über das Geschehen garantiert.

Zu 2: Das Wichtigste am Dreieck ist das Ei. Sonst wäre es ja Dreck.
Zu 3: Jeder Sportler. Und sogar jeder unsport-

tipp

Manchmal ist die Kreativität auch einfach eine Frage des Gedächtnisses. Das wiederum können Sie nicht nur trainieren, sondern stützen und unterstützen. Ergänzen Sie die Datei Ihrer Kunden um deren jeweilige persönliche Hintergründe, Vorlieben und Daten wie Geburtstage.

liche Mensch. Weil ein Kirchturm nicht springen kann.
Zu 4: Alte Häuser kann man nicht bauen.
Zu 5: Unter der Voraussetzung, dass Sie Bonbons mögen: zwei Bonbons.
Zu 6: Das Licht. Darauf sind Sie inzwischen sicherlich längst gekommen.

In geselliger Runde können Sie solche Denkaufgaben stellen. Sie finden sie in Handbüchern zum Kreativitätstraining. Sie helfen Ihnen, wie Marilyn vos Savant, nach dem Guinness-Buch der Rekorde der intelligenteste Mensch der Welt und Autorin von »Brain Building« sagt, Ihre geistigen Muskeln zu stärken. Grundschulkinder kommen hin und wieder mit solchen Aufgaben nach Hause. Sie finden meist sehr leicht kreative Antworten – weil sie sich noch nicht abgewöhnt haben, die beim logischen Denken unerwünschten Strategien anzuwenden.
Im Smalltalk-Kreis erzeugen Sie mit solchen »Head games« Spannung, Gemeinsamkeit und Heiterkeit. Sie dürfen nur nicht damit prahlen, wie leicht Sie sie gelöst haben.

Erste Hilfe

Um Ihre sprachliche Flexibilität zu erhöhen, können Sie in Ihren Alltag Hilfsmittel einbauen. Betrachten Sie die Sprache als ein Schatzkästchen, dessen Pretiosen Sie miteinander kombinieren können – nicht beliebig, aber bewusst.
Erweitern, feilen und polieren Sie Ihren Wortschatz:

→ Fragen Sie, wenn Sie Wörter (Fremdwörter, Fachbegriffe) nicht verstehen.
Legen Sie sich einen geistigen Erste-Hilfe-Kasten zu. Dessen Mindestausstattung umfasst eine Enzyklopädie, ein Synonymwörterbuch, einen Atlas.

→ Machen Sie Wortspiele – im Stau, im Zug, unter der Dusche. Suchen Sie im Verbund mit Kindern Wortfamilien, Synonyme, Antonyme, machen Sie – ruhig auch verrückte – Redewendungen aus Einzelwörtern.

→ Lösen Sie Kreuzworträtsel, Rebus-Rätsel, spielen Sie Scrabble, schauen Sie sich Ratesendungen wie »Wer wird Millionär?« an. Sie erhalten hier keine komplexe Bildung, aber reaktivieren Wortschatz und Wissen.

→ Waren Sie mal wieder nicht schlagfertig genug? Macht nichts, denn hinterher ist jeder schlauer. Statt sich über vertane Chancen zu ärgern: Legen Sie sich eine »Hätte ich doch ...«-Kartei mit allen klugen Antworten an, die Ihnen zu spät eingefallen sind. Blättern Sie sie an regnerischen Sonntagen immer wieder einmal durch. Irgendwann kommt wieder eine

Gelegenheit für eine schnelle, unerwartete Replik, dann haben Sie sie präsenter als bisher.

→ Freuen Sie sich an Stilblüten, analyiseren und notieren Sie sie.

→ Lesen Sie Texte, bei denen sich der Autor bewusst der Sprachform widmet. Ideengeber für die Möglichkeiten von Sprachspielen sind Schriftsteller, die Meister der Sprachwitzes sind – von William Shakespeare über Oscar Wilde bis Karl Kraus und Robert Gernhardt. Mit der Zeit werden Sie immer kreativer, wortgewandter und spontaner.

Was trauen Sie sich zu?

Fragen Sie sich doch einmal, wie Sie zu Ihrem jetzigen beruflichen und privaten Erfolg gekommen sind. Wahrscheinlich nicht, indem Sie es sich Ihr Leben lang gemütlich gemacht haben. Wahrscheinlich eher, indem Sie sich die Ermunterungen und Ermahnungen Ihrer Familie und Lehrer zu Herzen genommen haben. Die klangen damals so ähnlich wie »Du musst dich schon anstrengen.« Oder: »Versuche immer perfekt zu sein!«
Kein Wunder, wenn Sie heute immer noch »perfekt« sein wollen. Im Gegenteil: Die Erfahrung hat Sie schließlich gelehrt, dass Anstrengung Erfolg bringt. Das tut sie auch. Beim Smalltalk aber tut sie das nicht unbedingt. Lassen Sie ein Gespräch einmal völlig unvoreingenommen laufen!
Denken Sie: »Das schaffe ich nie!«? Auch diese innere Botschaft kommt Ihnen wahrscheinlich bekannt vor. Sie wissen aber auch, dass Sie sich mit derartigen Prophezeiungen selbst einen Stein in den Weg legen. Sie schaffen erheblich mehr, als Sie denken. Wetten, dass?

übung

✔ Stellen oder setzen Sie sich bitte aufrecht und ganz entspannt hin und verteilen Sie Ihr Gewicht gleichmäßig auf beide Beine. Sitzen Sie bei dieser Übung also bitte nicht mit übergeschlagenen Beinen.

✔ Drehen Sie den Kopf langsam nach rechts, so weit Sie kommen. Was von dem, was sich hinter Ihnen befindet, können Sie gerade noch sehen? Dann bitte das Gleiche nach links: Kopf drehen, gerade noch Sichtbares registrieren.

✔ Schließen Sie die Augen. Stellen Sie sich vor, wie es sich anfühlen würde und was Sie sähen, wenn Ihr Kopf sich um 360 Grad auf der Wirbelsäule drehen könnte und Ihnen so einen Rundumblick ermöglicht.

✔ Jetzt bitte wieder die Augen öffnen. Drehen Sie mit geöffneten Augen den Kopf nach rechts. Wie weit können Sie jetzt sehen? Dann nach links. Was sehen Sie jetzt?
Natürlich liegt Ihnen nicht alles real vor Augen, was Sie soeben in Ihrer Fantasie gesehen haben. Aber mehr als beim ersten Schritt der Übung ist es bestimmt. Richtig?

interview

Gestern kam ein Mandant nach Büroschluss zur Beratung; er hatte Hunger, aber keine Zeit für ein ausgiebiges Essen. Im Scherz schlug ich einen gemeinsamen Besuch im Fast-Food-Lokal vor, hier um die Ecke. Er nahm die Idee für bare Münze. Als Fan der gehobenen Esskultur war er Neuling dort, ich übrigens auch. Bisher hatten unsere Gespräche immer schleppend begonnen. Hier jedoch, in der für uns beide ungewohnten Umgebung, plauderten wir so angeregt, dass wir das geplante Zeitbudget überzogen.

THEMEN UND VARIATIONEN

Laden Sie einen Feinschmecker bei jedem Treffen in den gleichen Drei-Sterne-Gourmet-Tempel, fühlt er sich angemessen gewürdigt. Als Zeichen von Kreativität und Flexibilität wertet er es nicht. Schlimmer noch: Bei gleich bleibendem Ort müssen Sie stets selbst Anregungen und Abwechslung in die Unterhaltung bringen. Wechseln Sie hingegen das »Lokal«, haben Sie neue Ideenlieferanten: Ambiente, Service, Speisen, die Weinkarte, andere Gäste. Das alles können Sie trefflich mit ihren anderen gemeinsamen Erlebnissen abgleichen.

Anderer Anlass, neues Gespräch

Es muss nicht immer ein Diner sein. Warum mit einem besonderen Kunden nicht am Samstag zum Picknick ins Grüne fahren? Nach Vertragsabschluss in die Tapas-Bar mit Flamenco-Musik live? Sich zur Besprechung an den Frühstückstisch setzen – mit frisch gepresstem Orangensaft und ofenwarmen Croissants. In den USA hat sich das Business Breakfast längst eingebürgert, bei uns ist es noch neu und damit interessant. Sushi-Essen ist in Großstädten schon zu sehr im Trend, um als außergewöhnlich zu gelten.
Organisieren Sie mit Menschen, die Sie näher kennen lernen möchten, einen Besuch hinter den Kulissen des Opernhauses, die Teilnahme am Workshop beim angesagten Modedesigner, eine Wein- und Käsedegustation beim Traiteur. Da gibt es viel zu kommentieren! Können Sie zudem den berechtigten Eindruck erwecken, dass es sich bei diesem Erlebnis um ein Privileg handelt, bringt allein die erfahrene Würdigung den Gast zum Sprechen.
Laden Sie vor Ihrem Umzug in neue Geschäftsräume eine große und dennoch für Sie überschaubare Anzahl von Kunden, Geschäftspartnern, Zulieferern und Mitarbeitern zur Nostalgieparty. Dann haben Sie sich nach dem Umzug einiges zu erzählen. Und Ihre Initiative in Sachen Networking werden Ihre Kontaktpersonen Ihnen mit Sicherheit danken.
Planen Sie mit guten Kunden den Besuch einer Veranstaltung? Bitten Sie zum Einstieg zu einem Empfang in Ihr Unternehmen, reichen Sie Getränke und Snacks, machen Sie die Damen und Herren miteinander bekannt. Fahren Sie dann gemeinsam zur Unternehmung. Schon ist aus der Menge eine Gruppe geworden. Nach der Veranstaltung brauchen Sie nur erneut zum gemeinsamen Drink zu bitten. Visitenkarten wechseln die Hände, das Netz ist geknüpft. Was wollen Sie mehr?
Wollen Sie einem Gastgeber ein Geschenk überreichen? Kommentieren Sie es. Überraschen Sie ihn mit seinem Lieblingswein (Château Sowieso aus Bordeaux). Er wird Sie fragen, von wem Sie dieses Insider-Wissen haben. Sie werden ihn ein wenig raten lassen. Er wird Sie fragen, wo Sie den guten Tropfen aufgestöbert haben. Sie werden von der Suche als Abenteuer berichten. Er wird Ihnen danken. Er wird Sie würdigen. Er wird Ihnen Ihr Interesse an seiner Person hoch anrechnen. Die anderen Gäste werden Sie als interessant betrachten. Mit interessanten Menschen talkt sich's lieber! Leichter sowieso.

tipp

Machen Sie Ihren Geschäftskunden ein kleines Überraschungsgeschenk. Der Wert eines Präsents liegt nicht in seinem Preis, sondern in dem Erstaunen, das es hervorruft. Dieses wiederum macht es erinnerungswürdig und damit später erwähnenswert.

übung

Welche Signale innerhalb der folgenden Aussage sind für Sie Sprungbretter, die Ihnen ermöglichen, tiefer einzutauchen?

»Vergangene Woche war ich bei der Modemesse in Düsseldorf, da haben wir abends einen ausgiebigen Altstadtbummel gemacht.«

- ✔ Ist die Mode Ihre Richtung? In Düsseldorf, Paris und Mailand?
- ✔ Oder liegt Ihnen Düsseldorf am Herzen? Als Landeshauptstadt von Nordrhein-Westfalen, westdeutsche Wirtschaftsmetropole, Hochburg des Karnevals oder Stadt des Kabaretts »Kommödchen«?
- ✔ Oder ist es das Thema Altstadt? Vielleicht sind Sie ja geographisch bewandert und können mit den historischen Stadtkernen von Frankfurt, Lübeck oder Rostock vergleichen.
- ✔ Sind es etwa die Kneipen? Mit deren soziologischer Bewandtnis, psychologischer Bedeutung und wirtschaftlicher Entwicklung? Oder einfach zur Klärung der Frage: »Welches Pils wann, wo, warum«? In Düsseldorf trinken Sie ja aber wohl Alt.

Mit Fingerspitzengefühl stellen Sie schnell fest, ob Ihr Gegenüber bereit ist, auf Ihre Angebote, tiefer zu schürfen, einzugehen. Wenn nicht, kehren Sie einfach an die Oberfläche zurück und wechseln das Thema.

Themen vertiefen oder lieber wechseln?

Frau Dr. Ochs und Herr Dr. Marbach sitzen bei einer Incentive-Veranstaltung an einer großen Tafel nebeneinander, sie sehen einander zum ersten Mal. Der Gastgeber hatte keine Gelegenheit, den beiden bekömmliche Smalltalk-Häppchen auf den Weg zu geben wie »Die beiden Naturwissenschaftler sitzen zusammen«. Der Anfang ist dennoch schnell gemacht. Frau Dr. Ochs stammt aus Kaiserslautern und arbeitet vorwiegend in Frankfurt, Herr Dr. Marbach hat seit kurzem einen Job in Ingolstadt, besucht aber auf dem Rückweg von der Veranstaltung die Eltern in Düsseldorf. Das gibt auf Anhieb noch keine Gemeinsamkeit her.

Dennoch sind sie bald im Gespräch.

»Ach, ein neuer Job in Ingolstadt?«

»Ja, bis vor kurzem war ich noch an der RWTH Aachen.«

»Das klingt nach Ingenieurwesen.«

»Stimmt. Und bei Ihnen? Dr. phil. vielleicht?«

»Nein, nicht immer die weichen Fächer für die Frauen. Medizin!«

Frau Dr. Ochs hat bei einem Projekt über Raumfahrtmedizin mitgearbeitet. Herr Dr.

Marbach hat sich auf Fliegerei und Raumfahrt spezialisiert. Wenn das kein gemeinsamer Nenner ist! So sind die beiden schnell bei »Waren Sie dort ebenfalls?« und »Kennen Sie den auch?« angelangt und steigen tiefer in das gemeinsame Thema ein. Die beiden haben gekonnt das Prinzip verfolgt, in den Aussagen des Gegenübers Aspekte zu entdecken, die sie vom Allgemeinen zum Besonderen führen: Wohnort / Job führte zu Job / Uni, von dort zu Uni / Studienfach, von dort zu einer Spezialität, dort lag die Gemeinsamkeit. Diese Art des Austauschs ist dann im engen Sinn nicht Smalltalk zu nennen. Smalltalk wurde kurz und bündig als Fundament genutzt.

Wer A sagt, muss B sagen. Das gilt nicht nur bei Tisch, wo die Ausweichmöglichkeiten stark begrenzt sind. Das gilt nicht nur, wenn Sie beim Warten auf die verspätete Maschine am Flughafen-Gate einen Leidensgenossen angesprochen haben. Das gilt auch, wenn Sie unterwegs zufällig Bekannte treffen. Früher galt es als ungehörig, auf der Straße Fremde einander vorzustellen. Da wurde kurz gegrüßt und es ging weiter. Das ist – leider? – heute anders. Wenn Berater Meier seinen Vorgesetzten Müller in der Konzertpause trifft, die beiden sich mit Handschlag begrüßen und jeweils noch die sie begleitenden Ehefrauen und Schwiegereltern vorstellen, muss ein Gespräch her. Sonst erschiene das Begrüßungsritual überproportional im Verhältnis zur Unterhaltung; ein peinlicher Rückzug à la »Na dann schaun mer mal« wäre das Ergebnis. In diesem Fall bieten sich der Komponist, das Orchester, die Solisten, der Dirigent … als Gesprächseinstieg an.

tipp

Nur Mut zum Risiko, lassen Sie Versuchsballons steigen; Ihr Einfühlungsvermögen wird Sie schon nicht im Stich lassen. Sie müssen nur gut hinhören, Bälle aufgreifen, Wissen einbringen. Bei erhöhter Gefahrenlage wechseln Sie einfach das Thema.

Sicherheitsvorkehrungen

Je mehr Sie ins Detail gehen, je mehr Sie sich als Person mit Ihren Ansichten, Moralvorstellungen und Glaubenssätzen einbringen, desto größer ist das Risiko, dass Ihr Gesprächspartner Ihre Einschätzungen nicht teilt. Vor dem Hintergrund dieser Befürchtung bleibt so manche Tisch- und andere Gesellschaft an der Oberfläche von Tätigkeitsbeschreibungen kleben. Dann darf sich hinterher niemand beklagen, das Gespräch sei seicht gewesen.

Wo die Gefahrenquellen sprudeln, wissen Sie. Sicherheitshalber sollten Sie darauf verzichten, Ihr Gegenüber mit Annahmen zu Umfeld, Beziehungen und Hintergründen in einen Erklärungsnotstand zu bringen. »Sie sagten vorhin: »Wir waren in Irland«. Waren Sie mit Ihrer Frau dort?« Nein! Erwähnen Sie lieber locker: »Ich bin auch gern in Gesellschaft unterwegs.« Dann hat Ihr Gesprächspartner die Wahl, von der Beziehungsthematik abzulenken oder aber Ihnen zu erläutern,

ob er mit Frau und Kindern, mit dem besten Freund oder mit einer Reisegruppe in Irland unterwegs war.
Ängstliche Menschen begeben sich nicht auf das Glatteis einer Themenvertiefung, sie surfen auf der Oberfläche der Themen. Mutige Kommunikatoren tauchen ein, spitzen die Ohren und gleiten bei einer drohenden Eskalation elegant in ein anderes, weniger riskantes Gefilde hinüber.
Auf Gesprächsangebote nicht einzugehen ist unhöflich. Es kann aber klug sein, risikoreiche Aspekte einer Aussage zu ignorieren und stattdessen deren unverfängliche Elemente aufzugreifen: »Apropos«.
»Diese Blondine an der Theaterkasse! Hat sie mir doch die Karten nicht umtauschen wollen!« Einer der Herren, mit denen Sie im Gespräch sind, ist erbost. Über Blondinen zu lästern ist in manchen Kreisen beliebt, Sie wollen da keinesfalls mithalten. Welches Sprungbrett in andere Themen bietet die Aussage dieses Herrn?

Entdecken Sie Aspekte, die Sie vom Allgemeinen zum Besonderen führen.

→ Die Theaterkasse. Dann können Sie berichten: »In unserem Theater kann man jetzt online buchen.«
→ Die Karten/die Plätze. Sie haben kürzlich bei einem Konzert Plätze mit schlechter Sicht erwischt »Dafür waren die Philharmoniker wieder hinreißend.«
→ Die Dienstleistungsmentalität überhaupt. »Ich hatte das Problem, als ich in der Boutique eine Krawatte umtauschen wollte ...«

Beim Restaurantbesuch bekommen Sie die Themen mit der Speisekarte gereicht: Wie unproblematisch ist der Sprung von den Tapas zur Rundreise durch Andalusien, wie umkompliziert der Schlenker von der Pesto-Sauce zu den Kochkünsten Ihrer italienischen Schwiegermutter und wie selbstverständlich die Brücke von den Krabben ... nein, nicht zu Ihrer Meeresfrüchte-Allergie, sondern zur Klassenreise Ihrer Tochter nach Norderney. Und wie gern gibt Ihr Gast bei der Wahl des Wildgerichts zum Besten, wie er als Kind ... war es ein Rehbock oder ein Hirsch, der ihn beim Waldbeerensuchen aufschreckte?
Übungshalber: Wer hat wohl auf Anhieb welche Assoziationen, wenn der Begriff »11. September« fällt und in der aktuellen Situation Politik keinesfalls Thema sein darf?
→ **Der Globetrotter:** Die Stadt New York – andere Metropolen – Sydney: »Ein Freund

von uns war zum Jahrtausendwechsel dort. Er war so hingerissen, dass er uns um Mitternacht angerufen hat. Denn ... «

→ **Die Freizeitsportlerin:** New York – Marathon – Laufen. »Im Urlaub muss ich mich endlich wieder bewegen, deshalb fahren wir an die See.« Weniger sportlich: »Der Nachbar meiner Schwiegereltern war vorletztes Jahr beim Marathon dabei. Er erzählt ...«

→ **Der Architekt:** Hochhaus – neue Projekte. »Haben Sie gehört, dass Kollege Sowieso jetzt in Frankfurt baut?«

→ **Die Unternehmerin:** Das Datum – ihre Aktivitäten an dem Tag. »Ich war gerade zu Verhandlungen in Zürich, als ich davon erfuhr. In Zürich übrigens ...«

Welche Assoziationskette erlaubt Ihnen, sich entschieden, aber sanft von dem brisanten Thema zu entfernen? Mit dem Werkzeug »apropos« ausgestattet können Sie sicher in jede Unterhaltung gehen. Was aber, wenn Sie vor Schreck so blockiert sind, dass Ihnen der Zugriff darauf misslingt? Dann ist ein Rückgriff auf ein bereits erwähntes Thema erlaubt. Gebieten Sie beispielsweise dem über die Theater-Kassiererin empörten Herrn Einhalt, ohne das explizit zu tun. Geben Sie ihm zu verstehen, dass seine Aussagen im Prinzip von Interesse sind. Machen Sie ihm gleichzeitig klar, dass Sie ein anderes Thema wünschen. Gehen Sie auf seine Emotionen nicht ein, beziehen Sie sich auf eine frühere Aussage von ihm: »Sie sagten vorhin, Sie seien schon in der Mailänder Scala gewesen. Was haben Sie denn dort gehört?« Die anfängliche Würdigung kompensiert den Themenwechsel.

tipp

Verzichten Sie aufs Bluffen. Sie können immer nur so viel mit Erfolg vortäuschen, wie Sie Ihre Technik beherrschen. Und wenn Sie sie beherrschen, brauchen Sie nicht mehr zu täuschen.

Keine Ahnung?

Diese Indiskretion aus Hofkreisen gab Anlass zum Schmunzeln: Es sei »sehr anstrengend, sich mit der Queen auszutauschen, wenn man sich nicht über Tierärzte und Flohhalsbänder unterhalten« könne.
Die Ehre, sich mit Königin Elisabeth II. im Smalltalk zu ergehen, wird Ihnen wahrscheinlich nicht täglich zuteil. Doch hin und wieder können auch Sie vielleicht zu einem bestimmten Thema nichts beitragen.

→ Sie haben dann die Möglichkeit, das gemeinsame Interesse auf ein Terrain zu lenken, das Ihnen Unsicherheit erspart.

→ Genauso gut können Sie Ihre eigenen Gedanken umlenken: »Ich weiß zwar nichts über Flohhalsbänder – oder über Autos mit Allradantrieb, indonesische Reisbauern oder das absurde Theater. Doch es kann nicht schaden, etwas darüber zu lernen.« Mit dieser neuen Definition des Unbekannten werden Sie zum guten Zuhörer und damit zu einem beliebten Gesprächspartner.

→ Ein weiterer Weg: Sie geben offen zu, dass Sie bei dieser Thematik nicht auf dem Laufenden sind. Was setzen Sie denn schon aufs Spiel, wenn Sie fragen, was denn wohl die Uffizien sind? Wie sagt der Volksmund: Der Kluge lernt vom Dummen, der Dumme vom Klugen nie.

Bedarf Ihr Grundwissen in Sachen Kunst, Kultur und Philosophie einer Politur? Die Lektüre des Standardwerks »Bildung« von Dietrich Schwanitz kann Kratzer ausbessern, wenn Ihr Bildungsfundament bereits gelegt ist, Ihr Gedächtnis Ihnen aber Streiche spielt. Ist Ihnen der klassische Bildungskanon bisher nicht begegnet, verzichten Sie auf das Auswendiglernen von Museumsstandorten, Shakespeare-Komödien und den Philosophieschulen der Antike. Gehen Sie hin und wieder in eine Ausstellung, zu einem Vortrag oder ins Theater/die Oper und erfreuen Sie sich an den dort vermittelten Eindrücken. Erlebnisse auf dem kulturellen Sektor regen am leichtesten zum verbalen Austausch an, denn die Erfahrungen – selbst mit alter Kunst – sind immer wieder neu.
Nehmen Sie Freunde mit, mit denen Sie sich über Ihre Eindrücke austauschen können. Hintergrundwissen und Detailinformationen zum Stück liefert das Programmheft.
Für ganz Aktive: Treten Sie einem Theater-, Kunst- oder Musik-Club bei und tauschen Sie sich dort mit Gleichgesinnten über Ihre Erlebnisse aus. Notfalls gründen Sie einen solchen Club – die lokale Volkshochschule freut sich bestimmt über ein neues kulturelles Angebot vor Ort.

Man sollte allerdings ein bisschen wissen, um vorgeben zu können, dass man mehr weiß. Auch wird leichter vergeben, was man nicht weiß, wenn man wenigstens ein wenig weiß. Das kennen Sie noch aus Ihrer Schulzeit. Bevor es peinlich wird, halten Sie zuerst einmal den Mund und spitzen die Ohren. Bei späteren gezielten Detailfragen brauchen Sie nicht offen zu legen, dass Ihnen der Gesamtzusammenhang fehlt. Der erschließt sich Ihnen im Lauf der Unterhaltung mit Sicherheit ganz von selbst.

Bildungs- und andere Geschichten

Stellen Sie sich vor, das Gespräch kreise um Bildung im Allgemeinen und im Besonderen und das sei überhaupt nicht Ihr Ding. Da fällt Ihnen vielleicht dieser Vorfall ein, den Sie vor kurzem auf der Bunten Seite Ihrer Zeitung gelesen haben.

tipp

Eine Anekdote fügen Sie ganz locker in ein aktuell gebotenes Thema ein. Die Worte dafür liegen auf der Hand: »Dazu habe ich gestern gelesen …« Statt einer Anekdote können Sie auch ein ausgefallenes Zitat verwenden, das Sie heute auf Ihrem Kalenderblatt gelesen haben.

Physikprüfung an der Kopenhagener Universität: Wie ist die Höhe eines Wolkenkratzers mithilfe eines Barometers festzustellen? Mit komplizierten Berechnungen zu Schwerkraft und Luftdruck ist der Professor zufrieden. Dem Prüfling selbst gefällt diese Lösung besser: Sie gehen zum Hausmeister und bieten ihm an: «Möchten Sie ein neues Barometer? Dann sagen Sie mir bitte die Höhe dieses Wolkenkratzers.« Der Prüfling war der dänische Nobelpreisträger Niels Bohr.

tipp

Raus aus der Sackgasse! Wollen Sie Bewegung in eine festgefahrene Situation bringen, machen Sie eine Anekdote daraus. Sie gewinnen durch den neuen Standpunkt eine Außen-Perspektive und machen sich und den anderen damit den Kopf frei.

→ Diese Begebenheit können Sie beim Thema Bildung einbringen. Sie ist aber mehrfach verwendbar.
→ Sie tragen damit genauso gut etwas zum Thema Schule bei, wenn Sie nicht ganz so genau wissen, was Kinder heute lernen.
→ Sie können damit etwas zum Thema Physik beisteuern. Vielleicht haben Sie ja in letzter Zeit die Wissenschaftsseite Ihrer Zeitung ständig überblättert.
→ Die Anekdote passt sogar anlässlich einer Preisverleihung: Welche Voraussetzungen man da so mitbringen muss ...

Dass Sie in diesem Zusammenhang etwas über die Entwicklung der Atombombe im Zweiten Weltkrieg gelesen haben, werden Sie sich natürlich verkneifen.

Geschichte einer Rettung

Eine Geschichte kann die Rettung aus so mancher Misere sein – wie diese wahre Begebenheit aus einem Smalltalk-Seminar.
Nach effektiver Einzel- und Gruppenarbeit, nach der Vermittlung von Wissen für die Praxis und einer Menge Kreativ-und Kommunikationsübungen saßen die Teilnehmerinnen und Teilnehmer am Mittagstisch.
Schweigen machte sich breit. Alle Versuche der Trainerin, die erschöpften Damen und Herren zum Sprechen zu bringen, schlugen fehl. Bis sie ihnen folgende Geschichte erzählte:
»Ich saß mit den Teilnehmerinnen und Teilnehmern eines Smalltalk-Seminars am Mittagstisch. Schweigen machte sich breit. Alle Versuche, die erschöpften Damen und Herren zum Sprechen zu bringen, schlugen fehl. Ich verstand die Welt nicht mehr.«
Sie haben es wahrscheinlich sofort bemerkt: Die Trainerin beschrieb die aktuelle Situation, indem sie sie als Geschichte erzählte.
Die Beteiligten jedoch ließen sich wortreich darüber aus, warum die erwähnten Personen wohl geschwiegen hatten. Und schon waren sie damit mitten im Gespräch.
Die Trainerin erläuterte ihnen fairerweise dann doch noch die Strategie, dass sie gleichzeitig die Adressaten und das Thema einer Anekdote waren.

interview

Beim nächsten Fest mache ich es mir leichter. Ich habe nämlich bemerkt, dass eine Mischung der Berufsgruppen hervorragend zur Stimmung beiträgt. Nächstes Mal kommt mir auf jeden Fall ein Hotelier an den Tisch, ein Journalist und ein Banker, denn ich habe beobachtet: Menschen, die viel mit Menschen zu tun haben, sind ein unerschöpflicher Quell interessanter Themen.

SICH PRÄCHTIG UNTERHALTEN

Manche Anlässe erleichtern den Smalltalk, das gilt auch für gewisse Konstellationen von Gästen. Je mehr Menschen sich zusammenfinden, die Übung im und Freude am Umgang mit anderen haben, desto leichter fällt es auch weniger kommunikativ geübten Personen, ins Gespräch zu kommen und im Gespräch zu bleiben. Für kommunikationsfreudige Menschen ist es ein Leichtes, einen »Schweiger« zum Reden zu bringen, indem sie nach seiner Meinung fragen.

Die Sprache des anderen sprechen

Ob Sie eine Besprechung einleiten, mit Kunden ausgehen oder bei Empfängen für eine gute Atmosphäre zuständig sind – immer steht im Vordergrund nicht das Geschäft, sondern der Mensch. Hören wir einmal in eine solche Begebenheit hinein.
Eine geschäftliche Besprechung in der Anfangsphase, die Besucherin erläutert: »Ich bin

erleichtert, dass ich noch rechtzeitig eingetroffen bin. Nach der anstrengenden Fahrt war es so reizend, dass Ihre Assistentin mir sofort einen frischen Kaffee angeboten hat.« Sie gibt ein Gefühl preis, würdigt die Assistentin und damit den Vorgesetzten; ihr souveränes Bemühen um ein gutes Klima liegt auf der Hand. Darauf der Gastgeber: »Auch ich habe die Erfahrung machen müssen, dass die Straßenverhältnisse sich dramatisch zugespitzt haben. Ich bin der festen Überzeugung, und die wird ja auch durch Untersuchungen bestätigt, dass der Verkehrsinfarkt in diesem Land nicht lange auf sich warten lassen wird.« Bei allem Bemühen, das dargebotene Themenangebot anzunehmen, fährt der gute Mann völlig neben der Spur. Von einer gemeinsamen Ebene kann hier leider überhaupt keine Rede sein.

Sie erinnern sich vielleicht an Ihre Schulaufsätze und die hässlichen roten Zeichen am Rand, mit denen Wiederholungen geahndet wurden. Für den Smalltalk dürfen Sie die Aufforderung, für dauernde Abwechslung im Vokabular zu sorgen, guten Gewissens vergessen. Menschen, die Gemeinsamkeiten pflegen, benutzen nämlich ähnliche und häufig sogar die gleichen Wörter. Sie greifen also nicht nur die Themen auf, sondern auch das Vokabular des Gegenübers. Das tun sie meist nicht einmal mit Absicht, die gemeinsame Sprache ist unbewusst ein untrügliches Zeichen für eine gemeinsame Basis.

Der französische Schriftsteller Molière hat geraten: »Sprich so, dass du verstanden wirst, dann sprichst du gut.« Konsequent fortgesetzt bedeutet das: Sprechen Sie die Sprache Ihres Gegenübers. Dann werden Sie verstanden.

Schaffen Sie ein gutes Gesprächsklima – und damit eine positive »Großwetterlage«.

Mit positiven Worten Bedingungen stellen und damit Menschen in ihre Schranken weisen – das ist als probates Mittel bekannt. Im Extremfall klingt das wie bei dieser Kundenveranstaltung – kurz nach Mitternacht. Der Kunde lädt die junge Beraterin ein: »Gehen wir noch zusammen in eine Bar?« Sie: »Gern, wir brauchen nur meinen Mann dazuzuholen und für meine Kinder einen Babysitter zu organisieren.«

Wie sich Sinneswahrnehmungen in der Sprache spiegeln

Jeder Mensch selektiert die Eindrücke von der Welt auf seine eigene Weise. Die fünf Sinne stehen uns allen zur Verfügung und jeder von uns nutzt sie in einer individuellen Prioritätenfolge und Kombination. Diese Nutzung spiegelt sich in der Sprache wider.

Wer vorwiegend Eindrücke visueller Art wahrnimmt, verwendet vorzugsweise Ausdrücke wie »sehen«, »einen Überblick gewinnen«, »aus dieser Perspektive«.
Wer sich stark auf auditive Reize konzentriert, gibt diese sprachlich wieder: Er schlägt »Gespräche« vor, teilt Ihnen mit, dass Ihr Vorschlag »gut klingt«, möchte ein Argument noch »deutlicher ausgeführt hören« …
Menschen, die mit Hand und Herz bei der Sache sind, nennt der Fachjargon »kinästhetisch« geprägt. Ihnen liegen Äußerungen über Handlungen und Gefühle auf der Zunge. Sie erwähnen bei einem Urlaubsbericht zwar das Alpenpanorama und den Klang des Alphorns. Sie konzentrieren sich aber auf die »herzliche Atmosphäre« unter den »fröhlichen Menschen«, mit denen sie am Lagerfeuer so »erfrischend gelacht« haben.
Sobald Sie sich auf das Hören von Sprechweisen verstehen, stellen Sie fest: Mit Menschen, die die gleiche Wahrnehmungsschiene bevorzugen wie Sie, liegen Sie meist auch inhaltlich auf einer Wellenlänge. Mit solchen, die ihre Welt auf andere Weise filtern als Sie selbst, verläuft die Verständigung weit weniger harmonisch.
Am leichtesten gewinnen Sie Zugang zu der Wahrnehmungswelt einer Person, indem Sie deren Wahrnehmungswörter wiederholen und dann andere Wörter aus dem gleichen Bereich verwenden. So lenken Sie den Smalltalk sanft und souverän.
Neben dem Seh-, dem Hör- und dem Fühl-Bereich stehen der Geschmacks- und der Riechsinn auf der Liste der Wahrnehmungskanäle. Sie sind sprachlich weniger stark repräsentiert, seien aber der Vollständigkeit halber erwähnt.
Sagt ein Kollege, dass sein Vorgetzter »ihm stinkt«, fragen Sie ihn bitte nicht, wie der denn aussieht. Fragen Sie ihn, warum er ihn denn »nicht riechen« kann. Und »schmeckt« jemandem die neue Kundenberaterin nicht, erklären Sie ihm, dass auch Ihnen manchmal der Appetit vergeht.
Die Schwerpunkte in der Wahrnehmung des anderen hören Sie mit gespitzten Ohren nach wenigen Sätzen. Lassen Sie sich aber nicht zu vorschnellen Schlüssen verleiten. Bestimmte Anlässe fördern bestimmte Wahrnehmungen. Ein Konzertbesucher wird Ihnen selbstverständlich von der Reinheit des Klangs und der

testen sie sich selbst

Hören Sie sich selbst einmal bewusst beim Sprechen zu.

Wie oft sprechen Sie in Gegensätzen und Unterschieden mit …
aber/jedoch/hingegen
anders/andererseits/andernfalls
nein/doch/stimmt nicht/falsch

Wie oft verwenden Sie Wörter, die Gemeinsamkeiten betonen …
wir/zusammen/miteinander/gemeinsam
genauso/ebenfalls/gleich
ja/und/auch/gern

Harmonie der Stimmen berichten, auch wenn er schwerpunktmäßig visuell geprägt ist.

Gut und schlecht, Mensch und Sache: Filter für Eindrücke

Wenn ein Mensch seine gesamte Umgebung durch die rosarote Brille betrachtet und ein anderer immer nur schwarz sieht, werden Sie künftig bitte hellhörig. Dies nicht nur, weil er Ihnen mit seinen Worten Hinweise auf seine Sinneswahrnehmungen gibt. In seinen Aussagen liegen auch Indizien für den Kommentierungsmechanismus »positiv/negativ«.
Werden Sie beim Smalltalk zum Beispiel darauf aufmerksam, dass Ihr Gegenüber alle Themen negativ kommentiert? Wenn Sie selbst alles großartig finden, fällt es Ihnen schwer, sich mit ihm auf einer Ebene zu treffen. Gehen Sie ein wenig auf seine negativen Erfahrungen ein, nicken Sie, bestätigen Sie damit, dass Sie die Kommentierung annehmen. Übernehmen müssen Sie sie noch lange nicht.
Mit dem Modell der Themenzentrierten Interaktion (TZI) stellt sich der Austausch zweier Personen über eine Sache so dar: ICH und DU sprechen über ES.
Nun gibt es Zeitgenossen, die sich am liebsten auf Dinge, also auf ES, konzentrieren. Sie jedoch wissen: Beim ausgedehnten Smalltalk geht es weit weniger um ES als um die Beziehung zwischen ICH und DU und um die Beziehung von ICH und DU zu ES.
Thorsten arbeitet auf einer Geschäftsreise, im Großraumwagen des ICE, auf eine gute Atmosphäre mit seinem Kollegen Hermann hin. Hermann wiederum liebt sachliche

Themenzentrierte Interaktion (TZI)

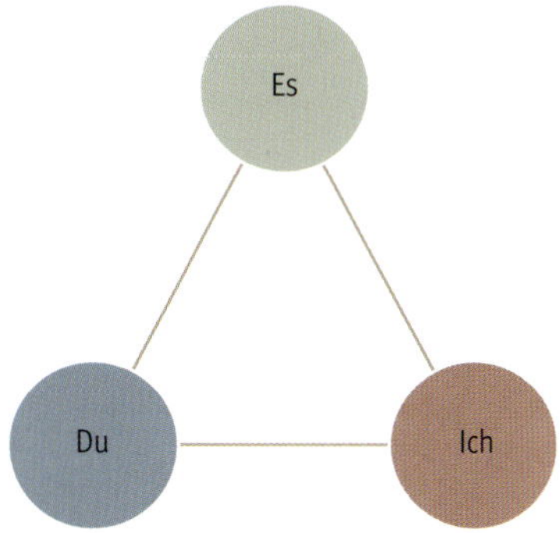

Abhandlungen: ES ist sein Thema! Mit dem Versuch, ihn unversehens auf die ICH-DU-Schiene zu setzen, wären beide gleichermaßen überfordert. Also holt Thorsten Hermann dort ab, wo er steht, und greift dessen Stärke im Sachbereich auf. Er lässt ihn ausführen, mit welchem Tempo der ICE Richtung Süden jagt, welche Folgen das für den gesamten europäischen Schienenverkehr hat, und ist erstaunt zu hören, dass viele Schweizer sich darüber ärgern, dass die Pünktlichkeit ihrer Züge derzeit nur bei 96,8 Prozent liegt.
Ein wenig kann Thorsten zur Sache (ES) beitragen. Mit der Schweizer Bahn war er auch schon unterwegs. Dabei streut er sachte die zwischenmenschlichen Aspekte ein, die ihm persönlich am Herzen liegen (ICH, DU). Das ist für Hermann zwar ungewohnt, doch da Thorsten auf der ihm gemäßen ES-Ebene sein Vertrauen gewonnen hat, wagt er sich ein paar Schritte auf das für ihn glatte Eis des Beziehungs-Talks vor.

Mit Geschick vernetzen

Erinnern Sie sich? Frau Dr. Ochs und Herr Dr. Marbach sind ins Gespräch über Raumfahrttechnik und -medizin vertieft. Wie anregend und bereichernd für die beiden; doch was tun die Tischnachbarn bei solch wissenschaftlichem Eifer?
Bei einem förmlichen Anlass müssen Gastgeberin und Gastgeber sich an das Protokoll halten und ihre Gäste nach Rang und Namen platzieren. Darüber hinaus haben sie die Aufgabe, für das Wohlbefinden aller Gäste zu sorgen, auch in kommunikativer Hinsicht. Setzen Sie sich und Ihre Helfer so, dass der Überblick über die Tafel oder sogar den Raum garantiert und ein Hilfseinsatz stets möglich ist.
Kein Gast ist von der Pflicht entbunden, sich aktiv in Gespräche einzubringen und andere Personen einzuschließen. Das wird jedem leicht gemacht, wenn die Gastgeber bei der Erstellung der Tischordnung schweigsame Gäste zu solchen setzen, die ähnliche Erlebnisse, Erfahrungen und Hintergründe haben wie sie. Oder zu den Smalltalk-Genies.

tipp

Befolgen Sie bei dem Versuch, sich einer Person sprachlich anzunähern, diese drei Gebote:

- ✔ Keine Neugier! Wozu müssen Sie das Alter Ihrer Tischnachbarin wissen?
- ✔ Spielen Sie nicht »Ich sehe was, was du nicht siehst«. Ersparen Sie Ihrem Gegenüber Interpretationen, behalten Sie Ihre Hypothesen à la »Da müssen Sie es in der Kindheit aber schwer gehabt haben« für sich. Sie sind hier nicht als Psychiater im Einsatz. Übrigens würde der klüger vorgehen.
- ✔ Sagen Sie nicht »ja«, wenn Sie »nein« denken. Suchen Sie Aspekte, zu denen Sie guten Gewissens »ja, ich auch« sagen können. Dann grenzen Sie sich bei anderen Aspekten ab.

Andere ins Gespräch aufnehmen

Wenn Sie bemerken, dass Sie sich in ein Gespräch verbissen haben, schauen Sie sich zuerst einmal um: Sind Ihre Nachbarn bei Tisch mit Gesprächsstoff versorgt? Dann machen Sie getrost weiter.
Sind sie es nicht und hören zu, laden Sie sie mit einer Motivationsfrage zur Teilnahme ein: »Sie haben doch auch in Aachen studiert, nicht wahr?«
Starrt ein Nachbar schweigend, sichtlich ausgegrenzt, vor sich hin, hilft es, den Vorfall anzusprechen. »Wir sind da vor lauter Begeisterung wohl aus der Tischrunde ausgeschert.« Es steht Ihnen gut zu Gesicht, für Ihre Unachtsamkeit um Verzeihung zu bitten. Die wird Ihnen jetzt sicherlich gern gewährt.
Marcel steht vor einer Vernetzungsaufgabe. Er hat seinen Kunden, Herrn M., und dessen Frau zum Essen eingeladen. Herr M. würde gern noch etwas Geschäftliches diskutieren, Marcel aber weiß: Die Frau ist dort nicht

beteiligt und würde sich ausgegrenzt fühlen. Seine Aufgabe: ein Gesprächsthema finden, das für beide Ehepartner attraktiv ist.
Aus den Kommentaren zur Speisekarte hört er, dass Herr M. Hobbykoch ist und seine Frau ihn in der Küche gern gewähren lässt. Seine Strategie: Er fragt den Hobbykoch nach Tipps für seine eigene, noch in den Kinderschuhen steckende Koch-Karriere und die Ehefrau nach ihrer Rolle um das Kochen herum. Es stellt sich dabei heraus, dass die beiden samstags gemeinsam zum Altonaer Markt gehen. Wobei der im Vergleich zu dem Markt von Nizza, wo sie letztes Jahr zur Kreuzfahrt gestartet sind, ... , Gewonnen, Marcel!

Laden Sie Ihre Tischnachbarn mit einer Motivationsfrage zur Teilnahme am Gespräch ein.

Ins Gespräch zurückkommen

Früher fielen Damen in Ohnmacht, um die Aufmerksamkeit auf sich zu ziehen. Heute erinnern Sie bitte durch weniger spektakuläre Handlungen an Ihre Anwesenheit. Raucher bieten Feuer an oder bitten darum. Bei Tisch können Sie um ein Getränk bitten, um Brot oder Salz und Pfeffer. Hier wie beim Plaudern im Stehen und beim Einstieg in eine berufliche Besprechung nehmen Sie über Blicke, Lächeln und eine offene Geste Kontakt auf, zu den Sprechenden wie zu den Ausgeschlossenen. Über angeregt diskutierende Tischpartner hinweg zu reden, ist nicht höflich, aber hilfreich. Gegebenenfalls die Plätze tauschen!
Lola, eher musisch als sportlich begabt und interessiert, tut sich in der Kollegenrunde schwer, Fußball ist Dauerthema. Auf das monatliche gemeinsame Abendessen will sie dennoch nicht verzichten, die Rolle des Mauerblümchens spielt sie nicht. Letztes Mal kam sie auf diese Weise ins Gespräch: Sie bat, ohne anzuklagen und ohne sich zu rechtfertigen, darum, ihre Anwesenheit zur Kenntnis zu nehmen: »Leute, ich bin auch noch da.« Der Appell wurde lachend aufgenommen und akzeptiert.

Spannend erzählen

Möchten Sie eine Geschichte erzählen, mit der Sie Ihre Zuhörerschaft in Ihren Bann schlagen? Dann verschaffen Sie sich einen Überblick gemäß dem folgenden Check-up. Achtung, es geht los. Eröffnen Sie mit einem Aufmacher, einer Frage, einem Versprechen von etwas, das aus dem Rahmen fällt. Sprechen Sie deutlich, mit fester Stimme, halten Sie Blickkontakt. Und fassen Sie sich kurz. Damit man Ihnen nicht boshaft unterstellt, Sie kompensierten fehlenden Inhalt durch Länge.

check-up

Bevor Sie zu erzählen beginnen, beantworten Sie für sich diese Fragen:

- ✔ Was will ich bei wem erreichen?
  Erstaunen/erheitern/verblüffen/schockieren/informieren ...
- ✔ Wie heißt meine Kernaussage?
  Ist das Leben traurig? Heiter? Aufregend?
  Ihre Grundidee formulieren Sie in einem Kernsatz, der Ihr Schlusssatz sein kann.
- ✔ Wer tut etwas, wem geschieht etwas?
  Im Idealfall werden Ihre Akteure mit wenigen Worten zu klaren Charakteren.
- ✔ Wann und wo?
  Eine knappe, aber klare Definition von Ort und Zeit erlaubt dem Publikum, die Handlung zu situieren.
- ✔ Was geschieht?
  Der transparente Handlungsstrang wird nicht von weitschweifigen Erläuterungen oder Beschreibungen überlagert.
- ✔ Wie lautet der Schlusssatz?
  Ist die Pointe spitz genug formuliert, dann erübrigt sich das Aussprechen des Kernsatzes. Bei einem Witz wird die Kernaussage nie formuliert.

Die besten Geschichten sind spannende Geschichten. Sie müssen gar nicht immer eigene Erfahrungen zum Besten geben, doch für persönliche Erlebnisse mit überraschenden Wendungen bringt ein Publikum gesteigertes Interesse auf. Es hat ja den Helden/Anti-Helden/Zeugen zum Greifen nah!
Sie können Ihr Feingefühl für die unterschiedliche Wirkung von Ausführlichkeit und Knappheit mit dieser Übung steigern. Sie brauchen dazu einen Partner.
Beginnen Sie, ein beliebiges Ereignis aus Ihrem Leben zu erzählen. Nach wenigen Sätzen wünscht sich Ihr Mitspieler, Sie mögen bitte die Handlungsschritte zügiger aufeinander folgen lassen und gibt die Order: »Weiter.« Nachdem Sie für ein paar Sätze das Tempo des Geschehens (nicht Ihr Sprechtempo!) erhöht haben, fordert der Mitspieler Sie auf, pro Handlungseinheit mehr Details zu liefern, damit er sich ein genaues Bild von der jeweiligen Situation machen kann. Er wünscht sich »mehr«.
So wechseln die Anleitungen immer wieder ab. Sie lernen dabei nicht nur, auf die Wünsche des Zuhörers einzugehen. Sie lernen vor allem, für die Handlung wichtige Elemente von weniger wichtigen zu unterscheiden und Bilder zu erzeugen.
Sie aktivieren dabei Ihren Wortschatz an Eigenschaften, Aussehen und Einzelheiten. Sie erhöhen Ihre Flexibilität. Haben Sie genügend Spaß daran gehabt, wechseln Sie die Rollen, Ihr Mitspieler spricht, Sie feuern ihn an oder bremsen ihn.
Erfahrene Erzähler gehen strategisch vor. Sie sprechen in kurzen Sätzen; sie wollen ja

schließlich gehört und nicht gelesen werden. Sie nutzen das Stilmittel der Wiederholung, um Elementen Bedeutung zu geben.
Sie machen Pausen, um die Spannung zu halten. Einer Pause bis sieben Sekunden wird Sinn beigemessen.
Sie sprechen die Sinne Ihrer Zuhörer an, so dass diese
→ sich ein Bild vom Geschehen machen können (sehen),
→ ihren Worten gern lauschen (hören),
→ ein Gefühl für die Handlung bekommen (fühlen),
→ auf den Geschmack kommen (schmecken),
→ das Flair des Umfelds erspüren (riechen).

tipp

Tritt eine andere Person in ein Fettnäpfchen, dann demonstrieren Sie, dass nichts Menschliches Ihnen fremd ist. Tragen Sie mit Gelassenheit zu schneller Abhilfe bei. Können Sie authentisch mit »Da ist mir kürzlich dies passiert ...« auf Ihre eigene Unvollkommenheit hinweisen, ist die Peinlichkeit schnell vergessen.

Kleine Störungen galant meistern

Ignorieren, was ignoriert werden kann – das ist eine im arabischen Raum probate Strategie. Wo kann sie Ihnen weiterhelfen?

Hatschi!

Es hatte sich in Deutschland eingebürgert, »Gesundheit« zu sagen, wenn ein Anwesender niest. Seit bekannt ist, dass beim Niesen weder Herzstillstand noch Pest drohen, ist der Wunsch hinfällig. Bei Husten, Schluckauf und anderen unfreiwilligen Äußerungen des Körpers wurde diese Floskel ohnehin nie ausgesprochen.
So wird es nach Übereinkunft in größerer Runde nach dem Motto »Störungen klein halten« heute auf zeitgemäße Weise praktiziert. Müssen Sie allerdings in kleiner Runde oder im Zweiergespräch unversehens losprusten, bitten Sie um Verzeihung für die Störung. Die wird Ihnen von den übrigen Anwesenden verbal oder nonverbal gewährt.

Zu spät!

Ähnlich diskret gehen Sie mit einer Verspätung um: Bei einem Empfang bleibt sie wahrscheinlich unbemerkt, es sei denn, Sie wären der Ehrengast. Auch wenn Sie sich zu einem Aperitif verspäten, fädeln Sie sich behutsam in das Geschehen ein und erläutern in einem geeigneten Augenblick dem Gastgeber/Ihrem Vorgesetzten/Ihrem Geschäftspartner Ihren – schlüssigen! – Grund.
Hat eine Tischgesellschaft bereits Platz genommen, geht der Gastgeber Ihnen im Idealfall entgegen und bringt Sie zu Ihrem Stuhl. Allen Anwesenden die Hände zu schütteln ist jetzt tabu. Wird Ihnen keine Hilfe zuteil, setzen Sie sich an den für Sie vorgesehenen Platz, grüßen in die Runde und bringen sich ins

übung: ent-stören

Sie haben einen Kunden zum Besuch einer Sportveranstaltung eingeladen und diskutieren an der Bar. Ein Nachbar kommt hinzu.

Was tun Sie? Auf jeden Fall schnell entscheiden und eindeutige Zeichen setzen.

- ✔ Lösung eins: Sie sehen den Störenfried kommen, bitten den Kunden um die Erlaubnis, ihn kurz allein zu lassen, gehen dem Nachbarn entgegen, erläutern ihm, dass Sie beschäftigt sind, wünschen ihm bestes Sportvergnügen, und kehren mit Ihrem Dank für seine Geduld zu Ihrem Gast zurück. Für sein Verständnis können Sie ihm nur danken, wenn er es ausdrücklich äußert.
- ✔ Lösung zwei: Der Störenfried steht vor Ihnen. Dann bitte: gute Miene zum gestörten Spiel machen; die beiden einander nach den Regeln der Kunst vorstellen; ein paar Sätze mit Bezug zum Anlass wechseln und dann: Viel Spaß und auf die Sitzplätze.
- ✔ Lösung drei: Störenfried und Kunde sind, wie sich bereits bei den ersten Sätzen herausstellt, aus dem gleichen Holz geschnitzt. Sie können verabreden, sich nach dem Spiel wieder zu treffen. Überlegen Sie jedoch gut, was die beiden später miteinander reden sollten.

Gespräch ein, nachdem Sie gut zugehört oder Ihren Nachbarn um ein Briefing gebeten haben.

Das Handy

Beim eleganten Diner musical mit Kunden – gerade spielt die Harfenistin pianissimo – klingelt Ihr Mobiltelefon. Das ist nicht zu entschuldigen – außer es ginge in Ihrem engen familiären Umfeld um Leben und Tod. Doch dann säßen Sie wahrscheinlich nicht im Festsaal. Jetzt hilft nur noch: ausschalten. Und nach dem Ende des Musikstücks bei Ihren Gästen und denen in Ihrer näheren Umgebung um Verzeihung bitten.
Umgekehrt erweisen Sie sich bitte als großzügig, wenn in Ihrer Umgebung ein Handy läutet. Sie brauchen nun wirklich die Peinlichkeit nicht zu erhöhen, indem Sie wild herumzischen und ungnädige Blicke versenden. Machen Sie es wie Queen Elizabeth. Als während eines Smalltalks mit Ihrer Majestät das Handy einer jungen Britin klingelte, meinte sie: »Gehen Sie doch dran, es ist vielleicht jemand Wichtiges.«
Für Ihren Ausweg aus dem Fettnäpfchen können Sie dann wählen: Sie retten sich mit einer witzigen Bemerkung elegant heraus oder Sie ziehen sich mit einer formvollendeten Entschuldigung zurück.

Überleiten zum Business Talk

In diesem Kapitel über den Smalltalk als Beziehungspflege haben Sie einige Techniken kennen gelernt, die angetan sind, Ihre Freude

am Plaudern zu erhöhen. Bei einer Informationsveranstaltung, am Messestand, beim Kongress, bei einer Besprechung können Sie es beim Smalltalk nicht bewenden lassen, Sie sind ja wegen des Big Talks hier!
Ralph hat zu Beginn des Beratungsgesprächs mit dem Klienten angeregt über dessen anstehende Reise nach Chile geplaudert. Wie findet er von dort den Übergang zum Thema Versicherung?
Er sollte nicht:
→ warten, bis der Klient selbst das Thema wechselt. Das könnte ihm als Zeichen von Schwäche in der Gesprächsführung ausgelegt werden; das wiederum wäre ungünstig für das Geschäft. Außerdem könnte das eine Menge Zeit kosten.

tipp

Es muss nicht immer Smalltalk sein. In der Pflege der Beziehungen gibt es keinen Königsweg. Ist die Zeit kurz oder das Verhältnis angespannt, kann es – ob am Telefon oder in der leibhaftigen Begegnung – von Vorteil sein, am Anfang des Gesprächs eine Lösung in der Sache herbeizuführen. Der Smalltalk am Ende dient dann als Vergewisserung, dass die Beziehung weitergeht.

→ abrupt das Thema beenden: »Aber wir sitzen ja eigentlich aus einem anderen Grunde hier« würde den Klienten enttäuschen.
→ während der Klient begeistert seine Visionen darlegt, allmählich die Aktenmappe öffnen und halb verstohlen, halb demonstrativ auf die Uhr schauen. Das würde den Eindruck vermitteln, sein bisheriges Interesse sei geheuchelt.

Er kann hingegen mit einem »apropos« suggerieren, dass er beim Thema bleibt und von der Reise über die Reiseversicherung zum verabredeten Thema Versicherungen überleiten.
Ralph könnte zum Beispiel:
→ auf eine vorhergehende Aussage des Klienten zurückgreifen: »Wie Sie sagten, ist dies äußerst riskant. Da sind wir ja schon direkt bei unserem Thema: Wie versichern Sie sich?«
→ thematisieren, was da geschah: »Jetzt sind wir so ins Schwärmen gekommen« und damit die persönliche Beziehung unterstreichen, auf deren Grundlage das Business-Thema wachsen kann: »Da fällt es fast schwer, über das Geschäft zu sprechen. Sollen wir dennoch einmal miteinander in die Unterlagen schauen?«

Diese Strategien kommen Ihnen bekannt vor? Das ist zu hoffen. Es sind die gleichen, die Ihnen die Übergänge innerhalb des Smalltalk erleichtern.
Wichtig: Greifen Sie nach Ihrer Zusammenfassung der Sachinhalte zum Abschluss der Begegnung das Smalltalk-Thema wieder auf und versichern Sie dem Gesprächspartner, dass Sie Spaß an der Unterredung hatten. Vergessen Sie Dank und gute Wünsche nicht.

interview

Während ich im Café saß, habe ich andere Gäste beobachtet. Ich habe Vermutungen darüber angestellt, wie sie wohl zueinander stehen. Danach habe ich, das muss ich zugeben, gelauscht, ob ich mit meiner Einschätzung auch wirklich richtig lag. Das Ergebnis ist: Harmonie kann man sehen. Gäste, die sich nonverbal im Takt bewegten, waren sich auch inhaltlich einig. Solche hingegen, die sich körpersprachlich stark voneinander unterschieden, lagen meist miteinander im Clinch.

BEZIEHUNG KANN MAN SEHEN

Gemäß dem internationalen Protokoll ist der Platz einer Person ein Zeichen für ihren Rang. Auch auf dem glatten Parkett wichtiger Zusammenkünfte sind Nähe und Seite (rechts oder links) untrügliche Zeichen für Rang und Beziehung von Personen. Die bei Tisch rechts vom Gastgeber platzierte Dame darf sich als weiblicher Ehrengast betrachten, der männliche Ehrengast sitzt rechts von der Gastgeberin. Nähe und Seitenverteilung sind untrügliche Zeichen für Rang und Beziehung von Personen. In einer hoch formalisierten Gesellschaft wie der japanischen wird Gästen grundsätzlich der Platz mit dem Rücken zur Tür erspart und die Tiefe der Verbeugung ist Zeichen für die Tiefe der Verehrung.

Gast und Gastgeber

Beim Smalltalk sind Förmlichkeiten nicht an der Tagesordnung. Und doch gilt auch hier: Die Art, wie Personen sich im Raum zueinander verhalten, drückt ihre Beziehung zueinander aus. Der Raum spricht mit.
Ob als Gastgeber oder Gast: Beschränken Sie Ihre Bewegungen auf solche, die Ihr Gegenüber als absichtlich erkennen soll. Keine Signale der Ungeduld wie der flüchtige Blick auf die Uhr oder der suchende Blick in den Raum hinein. Ein Griff ins Haar könnte aufreizend wirken, eine Korrektur der Kleidung als Übersprungshandlung interpretiert werden, die Unsicherheit kompensieren soll.
Dass die Zuhörerschaft während einer Ansprache nicht spricht, trinkt, raucht und isst, wissen Sie in der Theorie. Halten Sie sich konsequent daran, auch bei lockeren Anlässen. Diese Disziplin wird Ihnen von Menschen, die Wert auf würdiges Verhalten legen, hoch angerechnet. Auch weil sie so selten geworden ist.

Plätze für Gäste

Im Business platzieren Sie Ihre Besucher strategisch – ob Sie ihnen etwas verkaufen wollen, ob Sie präsentieren, ob Sie eine Verhandlung führen oder einen Konflikt entschärfen wollen. Für einen gelungenen Smalltalk bei Tisch können Sie ähnlich vorgehen. Verzichten Sie als Gastgeber von informellen Zusammenkünften auf das strenge Protokoll.
Michael hat gelesen, bei Tisch würden Ehepartner getrennt. Ausnahme seien Jubelpaare bei Verlobungen oder Silberhochzeiten. Das

check-up: Umgangsformen

- ✔ Als Gastgeber bleiben Sie auch bei einer größeren Veranstaltung an einer zentralen Stelle im Raum, damit Sie eintreffende Gäste begrüßen und sie zu ihrem Platz oder zu anderen Personen geleiten können.
- ✔ Bei kurzen Strecken in überschaubaren Räumen hat immer der Gast den Vortritt.
- ✔ Durch unübersichtliches Terrain geht der Gastgeber lenkend voran.
- ✔ Ist seitlich genügend Platz, geht der Gastgeber schützend links vom Gast.
- ✔ Als Gast überlassen Sie dem Gastgeber oder dessen Vertretern und Helfern die Regie und nehmen Anweisungen zur Choreografie Ihres Miteinanders dankend an.
- ✔ Wird Ihnen für eine Besprechung kein Platz angeboten, fragen Sie, welcher für Sie vorgesehen ist. Es gibt Regisseure, die auf ihre Aufgabe hingewiesen werden müssen.
- ✔ Kommt einer Ihrer Gäste zu spät, stehen Sie auf und gehen Sie ihm zur Begrüßung entgegen.
- ✔ Diese Anregungen gelten geschlechtsneutral.

tipp

Sorgen Sie bei der Zuweisung von Plätzen für einen guten Mix von stillen und munteren Gästen, von Verwandten, Freunden und Kollegen, von eher fremden und Ihnen vertrauten Personen.

sei ein protokollarisch korrektes und vor allem probates Mittel zur Förderung des Austauschs. Michael fürchtet jedoch, die Gäste bei seiner Geburtstagsfeier – 30 an der Zahl – würden sich darüber empören. Er hört schon vor seinem inneren Ohr den Protest: »Wir haben uns die ganze Woche nicht gesehen und dürfen jetzt nicht einmal ... « Oder: »Meine Frau kennt hier doch niemanden außer mir.« Genau Letzteres ist für Pia, seine Freundin, der Grund, die Gäste mischen zu wollen. Kann ein Partner sich nämlich nicht darauf verlassen, vom anderen betreut zu werden, mobilisiert er, auf sich gestellt, seine kommunikativen Fähigkeiten.
Die beiden schließen ein Abkommen. Pia macht die Sitzordnung für eine Hälfte der Tafel und trennt die Paare, Michael platziert an der anderen Hälfte die Paare nebeneinander. Der jeweils verantwortliche Gastgeber nimmt am Ende seiner Tischhälfte Platz.
Den Verlauf der Feier können Sie sich vorstellen: Die Unterhaltung an Michaels Teil des Tisches ging sehr ausgeglichen und maßvoll, geradezu verhalten vonstatten. An Pias Ende hingegen war so einiges los. Da gingen die Gespräche quer und diagonal über den Tisch, da erschallte Gelächter, da kamen Fetzen von engagierten Diskussionen bei Michael und den von ihm platzierten Paaren an.
Michael hat die bittere Pille geschluckt, sie hat gewirkt. Derzeit bereitet er mit Pia den Sitzplan für ihre Hochzeit vor. 80 Gäste sind geladen. Da ist klar: Um die Familien zusammenzubringen – was schließlich eines der Ziele einer Hochzeitsfeier ist –, werden sie sie mischen. Zwar werden sie Partner nicht an verschiedene Tische setzen, aber sie werden Verwandte und Freunde bunt durcheinander würfeln. Und zwar so eindeutig, dass jede und jeder nachvollziehen kann, warum sie/er sich ausgerechnet in dieser Nachbarschaft findet.

Stehen und sitzen

Eine traditionelle gesellschaftliche Regel besagt: Zur Begrüßung stehen Herren auf, nicht aber vor erheblich jüngeren Herren; Damen bleiben sitzen, aber nicht vor erheblich älteren Damen.
Diese Regel gilt heute nur noch in förmlicher Gesellschaft. Es hat sich herumgesprochen, dass zu einem partnerschaftlichen Verhältnis ein partnerschaftliches Verhalten gehört, das nicht unnötig Gefälle erzeugt. Zumal im Zeitalter der Gleichberechtigung auch von der gleichen Verpflichtung auszugehen ist, dass den Ankommenden dadurch Achtung gezollt wird, dass die Anwesenden für sie aufstehen. Aus gesundheitlichen Gründen stehen und sitzen Sie idealerweise symmetrisch und ver-

teilen Ihr Gewicht gleichmäßig auf beide Beine oder Gesäßbacken. So können Sie Ihr Gespräch beginnen und beenden. Im Lauf einer Begegnung im Sitzen wollen Sie Ihr Gewicht aber sicherlich hin und wieder verlagern. Was dürfen Frauen zeigen, was sollen Männer machen?

Eine breitbeinige Sitzhaltung gilt bei Frauen – zumal im kurzen Rock – als vulgär. Männern wird wegen ihres raumgreifenden Verhaltens die Kundgabe von Dominanz unterstellt, auch wenn sie gleichzeitig durch das Ablegen eines Unterschenkels auf dem gegenüberliegenden Oberschenkel ihren Schritt schützen. Frauen fällt aufgrund der Konstruktion ihres Beckens diese Stellung selbst in Hosen schwer.

Frauen zeigen Bein; und nicht nur »Emma«-Abonnentinnen haben die Sitzhaltung der Königinnen – Beine parallel mit aufgestelltem Vorderballen – als unbequemes Relikt aus alten Zeiten in der Mottenkiste versenkt. Sophia Loren praktiziert eine erotische Spielart dieser Haltung, ohne Training ist sie aber äußerst anstrengend, denn dabei wird Oberschenkel auf Oberschenkel abgelegt. Achten Sie jedoch immer darauf, dass Ihr Gegenüber in jeder Sitzposition nur das sieht, was er sehen darf/soll.

Da die Aufmerksamkeit am Anfang und am Ende einer Begegnung erheblich höher ist als zwischendurch, achten Sie vorrangig in diesen Phasen auf die korrekte und gesunde symmetrische Beinhaltung. Im Lauf des Gesprächs wenden Sie sich kontinuierlich auf offene Weise dem Gegenüber zu. Nehmen Sie Ihre Beine dabei mit. Sie dürfen sie übereinander schlagen. Achten Sie aber darauf, dass sich Ihr

Achten Sie darauf, dass Ihr Gegenüber immer nur das sieht, was er sehen darf/soll.

Unterleib nicht vom Gegenüber wegdreht. Der mobile, obere Fuß sollte zu Ihrem Gesprächspartner hinweisen, aber nicht direkt auf ihn zeigen. Achten Sie darauf, dass Sie bei mehreren Gesprächspartnern die Haltung wechseln. Halten Sie Ihre Füße ruhig: Bei Ungeduld nicht wippen!

Übrigens: Die meisten Menschen kontrollieren ihre Mimik und mit mehr oder weniger Erfolg auch ihre Gesten. Aber nur wenige kontrollieren die Stellung ihrer Füße. Schauen Sie deshalb hin und wieder einmal auf den Boden. Wie stehen die Gesprächspartner im wahrsten Sinn des Wortes zu einander? Oft entdecken Sie auf dem Fußboden Allianzen, die Sie aufgrund des Gesprächs nur vermuten können. Nun wissen Sie, wie der Hase läuft.

Zauberformel Symmetrie

Sie wissen es bereits: Ob Menschen einen guten Draht zueinander haben, können Sie hören. Sie können eine harmonische Beziehung aber auch sehen. Menschen, die miteinander »in Phase« sind, stehen oder sitzen fast spiegelbildlich und machen mit geringer Zeitversetzung die gleichen Bewegungen. Je nach psychologischer Schule wird diese Symmetrie Matching (passend machen), Pacing (im gleichen Schritt gehen), Rapport (Bezugnahme) oder einfach Spiegeln genannt. Die Übung auf Seite 97 hilft Ihnen, sich auf Ihren Gesprächspartner einzustellen.

Nach diesem Wahrnehmungstraining treten Sie nun ins richtige Leben. Beginnen Sie bei der Spiegelübung mit Menschen, die Ihnen fremd sind und fremd bleiben sollen: auf dem Bahnsteig, im Zug oder an der Bushaltestelle. David hat diese Übung auf einem Bahnsteig gemacht. Er hat sich dafür einen Mann in seinem Alter und seiner Größe ausgesucht und sich – klug oder nicht klug – in dessen Blickfeld gestellt. Nach wenigen Minuten kam der Mann auf ihn zu mit der Frage: »Ich habe das Gefühl, dass wir uns kennen.« David musste sich das Lachen verkneifen. Es stellte sich heraus, dass die beiden auf dem Weg zum gleichen Vortrag waren.

Harmonie können Sie mit Themen und Worten, vor allem aber mit körperlicher Symmetrie fördern.

Ihr Smalltalk-Partner bleibt in großer räumlicher Distanz zu Ihnen mit verschränkten Armen stehen? Rücken Sie ihm mit Ihrer guten Absicht nicht auf die Pelle! Besser: Sie greifen für eine Weile seine distanzierte Körperhaltung auf, spiegeln ihn also, bleiben aber dabei freundlich im Ton und in der Aussage. Erst danach vollziehen Sie körpersprachlich eine winzige Annäherung, öffnen die Arme, beugen sich langsam vor.

Hat Ihr Partner dadurch, dass Sie ihn haben gewähren lassen, genügend Vertrauen zu Ihnen gewonnen, lässt er sich jetzt von Ihnen führen und öffnet sich. Folgt er Ihrem guten Beispiel nicht, ist der Draht zwischen Ihnen beiden noch nicht genug gefestigt. Dann heisst es weiter Symmetrie herzustellen.

Stellen Sie Symmetrie vorrangig auf der Ebene her, auf der es Ihnen leicht fällt, sie wahrzunehmen und umzusetzen. Vielleicht fällt es Ihnen leichter, sich in die Stimme Ihres Gesprächspartners hineinzuhören. Spiegeln Sie seine Sprechgeschwindigkeit, seine Lautstärke, seine Tonhöhe, seine Artikulationsweise und die Modulation seiner Äußerungen. Bleiben Sie dabei stets bei einem Verhalten, das nicht völlig aus dem Rahmen des Authentischen fällt.

! tipp

Seien Sie sehr behutsam, äffen Sie die Personen nicht nach. Sie würden das überhaupt nicht schätzen. Bitten Sie Ihre engsten Familienmitglieder und Freunde um Hilfe beim Üben.

übung: sich einstellen

1. Schritt
   Stellen oder setzen Sie sich einem Übungspartner gegenüber. Er möge nun schweigend Aspekte seiner Körperhaltung, seiner Fußstellung, seiner Mimik, seiner Gestik und seiner Körperspannung sowie seine Atemgeschwindigkeit verändern. Welche Veränderungen bemerken Sie? Welche entgehen Ihnen? (Das kann Ihnen anschließend Ihr Übunspartner erklären.)
   Vergessen Sie nicht, die Rollen zu tauschen.
2. Schritt
   Platzieren Sie sich im stumpfen Winkel zu Ihrem Übungspartner, so dass Sie ihn gut, aber eben nicht mehr sehr gut, beobachten können. Er möge Sie nun in ein Gespräch verwickeln und dabei – wie bei der vorigen Übung – Teile von Körperhaltung, Fußstellung, Mimik, Gestik und Körperspannung sowie seine Atemgeschwindigkeit verändern. Welche Veränderungen haben Sie jetzt bemerkt? Welche sind Ihnen noch entgangen? Dichten Sie Ihrem Übungspartner nicht irgendwelche Veränderungen an, sondern beschränken Sie sich auf das, was Sie tatsächlich wahrnehmen.
   Den Rollentausch nicht vergessen.
3. Schritt
   Ihr Übungspartner soll jetzt bitte während der Unterhaltung wie bisher Körperhaltung, Fußstellung, Mimik, Gestik, Körperspannung und Atemgeschwindigkeit verändern. Sie übernehmen nun eine aktivere Rolle als bisher. Nehmen Sie die Veränderungen nicht nur wahr. Nehmen Sie sie in Ihr eigenes Verhalten auf. Vergessen Sie dabei nicht, das Gespräch aufrechtzuerhalten. Was fällt Ihnen leicht? Was fällt Ihnen schwer? Unterscheiden Sie auch hier zwischen Wunsch (Fantasie) und Wirklichkeit.
   Bitte auch hier wieder die Rollen tauschen.

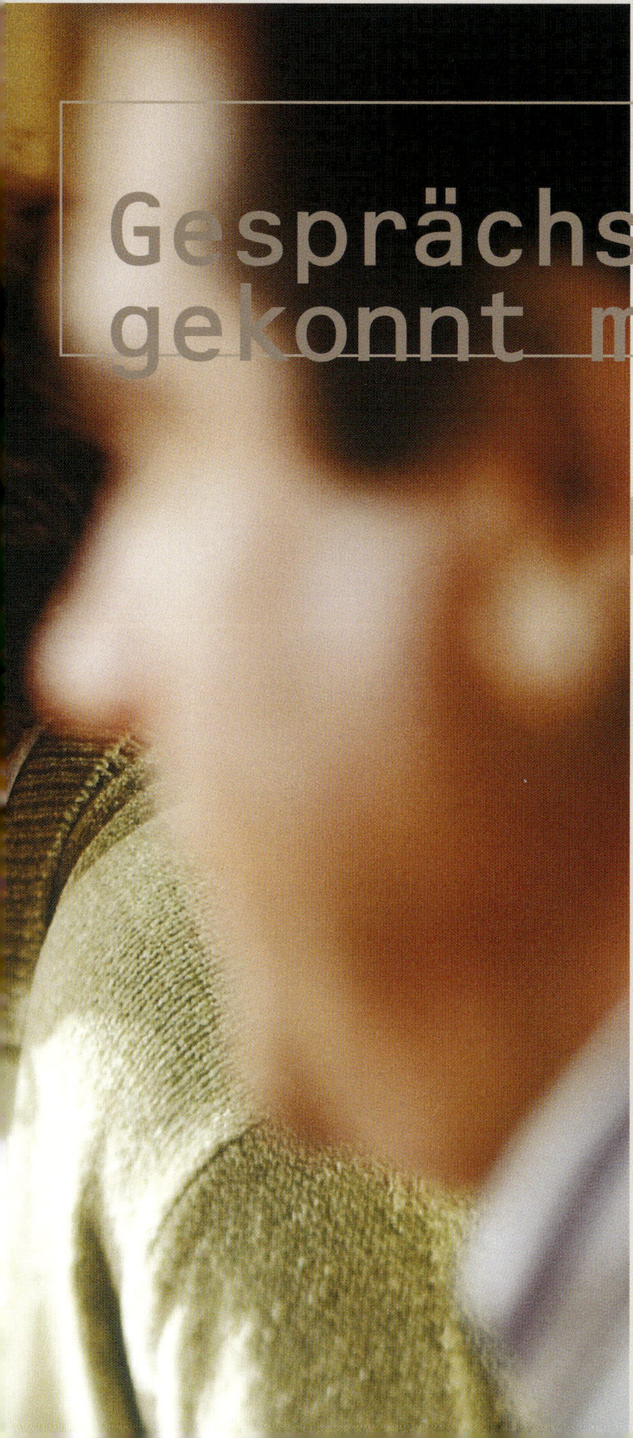

Gesprächskrisen gekonnt meistern

Beim Vorgesetzten zu Hause – eine Blamage können Sie sich hier nicht leisten. Bei der Kundenveranstaltung unterhalten sich die Menschen in Grüppchen; Sie wollen, Sie müssen Kontakt aufnehmen. Ihr Gegenüber bei Tisch entpuppt sich als Witzbold, dafür schweigt Ihre Nachbarin sich aus; Sie fühlen sich für eine ausgewogene Konversation verantwortlich. Was tun? Bei erhöhtem Stresspotenzial im Smalltalk eine gute Figur zu machen – das will gekonnt sein.

interview

Früher wünschte ich mir bei schwierigen Begegnungen, es möge sich der Boden unter meinen Füßen auftun! Diesen Gefallen hat er mir nie getan, zum Glück. Sonst hätte ich im Lauf der Zeit nicht lernen können, wie gut es dem Selbstbewusstsein tut, Herausforderungen anzunehmen. Mein Vater sagt: »Der Mutige wird sich der Gefahr im nachhinein bewusst«. Mutig bin ich nach dieser Definition nicht. Nach meiner eigenen bin ich es doch. Weil ich Risiken im vollen Bewusstsein annehme.

SIE SIND TEIL DER LÖSUNG

Du kannst die Wellen nicht aufhalten, aber du kannst Surfen lernen – diese Yogi-Weisheit ist leichter ausgesprochen als umgesetzt. Wer aber hat Ihnen eingeredet, Sie könnten das Surfen auf den vom Sturm gepeitschten Wellen des schwierigen Gesprächs nicht lernen? Sie sollten diese Person zur Rede stellen.
Ihr erster Ansprechpartner sind da wahrscheinlich Sie selbst. Gestalten Sie künftig Ihre Vorüberlegungen vor unangenehmen Begegnungen und Situationen so, dass sie Ihnen nutzen.
Die schlechte Nachricht hierzu sollen Sie zuerst erfahren: Selbst wenn Sie sich aufraffen, Ihre Gedanken in andere Schienen zu lenken als bisher, werden Sie in kritischen Gesprächssituationen nach wie vor angespannt sein. Die gute Nachricht folgt umgehend: Ihre Anspan-

nung wird nicht mehr so viel Einfluss auf Ihr Handeln haben, weil sie Ihren Körper nicht mehr beherrscht.

Vielleicht lieber absagen? Vorüberlegungen

Die Abteilungsleiterin bittet das gesamte Team zum Adventkaffee; auch in diesem Jahr werden ihre Kinder für den kammermusikalischen Rahmen sorgen; Ihnen graust es vor dem Büro-Talk in der Freizeit genauso wie vor den Blockflötentönen. Hätten Sie sich doch den Zahnarzttermin noch aufgehoben, er würde sich als Entschuldigung so gut machen! Zu spät. Wie können Sie einer unliebsamen beruflich-gesellschaftlichen Verpflichtung gelassen entgegensehen?

Strategische Ziele setzen

Oliver denkt mit Schrecken an die Einladung zum Geschäftsessen mit einem Kunden seiner Frau. Das Argument »keine Lust« hat sie für inakzeptabel erklärt. Sein Urteil »diese blöde Type« war nicht geeignet, ihre Stimmung zu verbessern, seine genauso wenig.
Oliver könnte anders denken. Er kann sich ein strategisches Ziel setzen, wie er das bei seinen eigenen Geschäftsanlässen tut. Da nimmt er sich regelmäßig vor, mit mindestens 5 der anwesenden 20 Personen in ein persönliches Gespräch zu kommen. Diese Definition weckt vor Ort seinen sportlichen Ehrgeiz.
»Dabeisein ist alles« reicht nämlich auch nicht als Prinzip, wenn er mit seiner Frau zum Geschäftsessen geht. Oliver will sich heute zum Ziel setzen, am Beispiel des Kunden seiner Frau die Hypothese zu prüfen, dass die Brücke von einem Menschen zu einem ihm unbekannten Individuum im Durchschnitt aus fünf Personen besteht. Wen kennt er, der jemanden kennen könnte, der einen kennt, der ein Bekannter des Kunden seiner Frau sein könnte? Auch wenn er keine weltbewegende Theorie untermauert oder umstürzt – sein Abend bekommt einen Sinn und Oliver verliert seine Abneigung.

Taktische Allianzen aufbauen

Susanne muss zum Chef, leider nicht in sein Konsultationszimmer, das ist vertrautes Terrain. Nein, Herr Chefarzt hat sie als »das Herzstück meiner Station« mit seinen Kollegen zum Umtrunk eingeladen. Susanne macht das Umfeld zu schaffen, sie spekuliert: Die »hohen Herren« werden sich nicht mit der »kleinen Arztsekretärin« abgeben wollen. Und doch: Sie muss, sie will das schaffen. Magendruck und Kopfschmerzen – als Krankenpfle-

tipp

Schließen Sie mit sich selbst einen Vertrag mit Belohnungsklausel ab. Der kann zum Beispiel so lauten: Wenn ich den Abend in erzwungener Gesellschaft gesellig hinter mich gebracht habe, gönne ich mir – ganz privat! – einen Absacker in meinem Lieblingsclub.

gerin hat sie die Diagnose »psychosomatisch« längst gestellt – hält sie im Zaum.
Sie wird auch auf die rettende Rolle der Helferin verzichten; den Ausweg, bei der Bewirtung mitzuwirken, hat der Chef ihr sowieso vorbeugend verwehrt.
Sie wird als Gast, als Gleiche unter Gleichen auftreten.
Sie hat sich dafür einen Verbündeten ausgesucht: den Mediziner, mit dem sie vor fünf Jahren gemeinsam den ersten Tag in dieser Klinik durchlief. Sie weiß nicht, ob er sich an sie erinnert, sie wird diese Erinnerungen in Anwesenheit anderer Gäste von ihm mit einer Anekdote auffrischen.

tipp

Suchen Sie Ihre Verbündeten nicht in Ihrem direkten Umfeld. Die Versuchung, zusammenzubleiben und sich gegenseitig daran zu hindern, neue Kontakte zu knüpfen, wäre zu groß. Wählen Sie als Ansprechpartner eine Person, die geeignet ist, Ihnen weitere Kontakte zu vermitteln.

Schüchternheit – ein Makel?

Susannes Strategie ist nichts für Michaela. Bei ihr macht sich in Gesellschaft eine lähmende Schüchternheit breit: als ein deutliches, aber unbestimmtes körperliches Unbehagen, das mit von Angst besetzten Gedanken einhergeht. Michaelas Taktik besteht darin, das Unbehagen zu vermeiden, und das ist der größte Fehler, den sie machen kann.
Versuche, die Angelegenheit objektiv zu betrachten, sind fehl geschlagen. Michaela könnte stattdessen einmal für einen Augenblick die Perspektive wechseln. Sie könnte sich umschauen: Wo fallen ihr schüchterne Menschen auf? Woran hat sie deren Schüchternheit festgemacht? Sie sollte nämlich wissen:
→ Mindestens der Hälfte der Menschen ist Befangenheit aus eigener Erfahrung bekannt.
→ Nur bei einem geringen Prozentsatz der Betroffenen ist sie für das ungeschulte Auge wahrnehmbar.

Michaela braucht dann auch nicht zu grübeln, ob und woran andere ihre Schüchternheit sehen und hören können. Den Abgleich ihres Selbstbilds mit ihrem Fremdbild kann sie nur im Gespräch mit Menschen machen, die ihr nicht sehr nahe stehen.
Im Grunde kann es Michaela gleichgültig sein, was die anderen von ihr denken. Es reicht aus, dass sie Schüchternheit als einen Teil von sich selbst akzeptiert – vielleicht nicht unbedingt als ihr liebstes Markenzeichen, aber doch als einen Charakterzug, der sie wieder erkennbar macht.
Laut einer Umfrage werden Menschen, die sich in einem Gespräch anfänglich zurückhalten und erst später das Wort ergreifen, von den übrigen Gesprächsteilnehmern als sympathischer eingestuft als die Personen, die von Anfang an das Gespräch bestimmen. Das könnte zu denken geben.

Zwei Seelen in Ihrer Brust? Internes Konfliktmanagement

Fühlen Sie hin und wieder »zwei Seelen in Ihrer Brust«, wenn Sie an schwierige Begegnungen denken? Fühlen Sie sich geradezu hin und her gerissen zwischen dem Bestreben, das Weite zu suchen, und der Lust, den Kampf mit dem Schicksal und sich selbst aufzunehmen? Dann haben Sie vielleicht auch das Gefühl, dass da nicht nur zwei Tendenzen gegeneinander streiten, sondern dass da ein ganzes Bündel von Gedanken, Gefühlen, Botschaften miteinander ringt.
Peter, Pharmareferent, kennt das. Er soll bei einem Workshop Apotheker ansprechen. In seinem Kopf vermengen sich mehrere Botschaften:
Botschaft 1: Es ist dein Job, tu deine Pflicht.
Botschaft 2: Du bist studierter Berater, kein Verkäufer.
Botschaft 3: Als erwachsener Mann wirst du doch bitte keine Sozialängste entwickeln.
Botschaft 4: Als Familienvater kannst du nicht auf solche Befindlichkeiten Rücksicht nehmen, du musst die Kinder ernähren.
Botschaft 5: Die Apotheker bleiben lieber unter sich.

Dieser innere Kampf kostet Kraft, zumal die widerstreitenden Argumente aus ganz verschiedenen Bereichen kommen. Da mischen sich sachliche Inhalte munter mit auf Erfahrungen beruhenden Annahmen, Moral- und Wertvorstellungen.

check-up: zurückhaltung

Was können Betrachter von Menschen denken, die sich in Gesellschaft zurückhaltend geben?

Vielleicht meinen sie, die Person sei

- ✔ verlegen
- ✔ verschüchtert
- ✔ beklommen
- ✔ unsicher
- ✔ verklemmt
- ✔ verängstigt

Vielleicht aber kommen diese Menschen anderen eher so vor:

- ✔ berechnend
- ✔ kühl
- ✔ distanziert
- ✔ prüfend
- ✔ abwartend

Weitere Interpretationen sind häufig diese:

- ✔ diskret
- ✔ bescheiden
- ✔ besonnen
- ✔ bedächtig
- ✔ taktvoll
- ✔ einfühlsam

check-up: das innere team

- ✔ Identifizieren Sie Ihre inneren Gegenspieler und unter ihnen die Hauptfigur.
- ✔ Finden Sie die jeweiligen Ziele heraus. Geben Sie den Aspekten/Teilen/ inneren Stimmen jeweils eine Form und einen Namen.
- ✔ Setzen Sie die Gegenspieler zur Beratung an einen Tisch. Es kann, es wird Streit geben. Versuchen Sie nicht, zu schlichten.
- ✔ Lassen Sie den Teamleiter das gemeinsame Ziel der Kontrahenten herausarbeiten und den Streit zu einem fairen Ende bringen.
- ✔ Übertragen Sie die gefassten Beschlüsse in einen konkreten Handlungsverlauf.

Kommt Ihnen dieses Vorgehen bekannt vor? Es wird in der Bearbeitung von Konflikten zwischen Menschen erfolgreich eingesetzt.

Allen ist gemeinsam, dass Peter sie im Lauf seines Lebens gesammelt hat und sie ihm in bestimmten Situationen schon gute Dienste geleistet haben. Hier allerdings treten sie in einer unguten Mischung auf, daher ist Peter gut beraten, sich die einzelnen Aspekte und ihre Ziele bewusst zu machen.

Bei der Lösung von Konflikten innerhalb eines Menschen zeigt das Prinzip des inneren Teams beachtliche Erfolge, wie Friedemann Schulz von Thun veranschaulicht hat.

Peter hat diese Übung gemacht. Er hat den inneren Teilen, die ihm die Botschaften senden, einen Namen gegeben:

Botschaft 1: der Pflichtbewusste
Botschaft 2: der Studiosus
Botschaft 3: der stolze Starke
Botschaft 4: Papa Peter
Botschaft 5: der Außenseiter

Er hat bei der Platzierung am Tisch festgestellt:

Der Studiosus beansprucht Vorsitz und Teamleitung.

Der Pflichtbewusste geht eine Allianz mit dem stolzen Starken und Papa Peter ein.

Der Außenseiter klagt lautlos.

Aufgabe des Teamleiters ist, die Teammitglieder untereinander ins Gespräch zu bringen und darauf zu achten, dass niemand überhört und überrumpelt wird.

Das Ergebnis für Peter:

Der Pflichtbewusste und Papa Peter führen ihn zu der Veranstaltung.

Der Außenseiter hilft ihm, sich Ansprechpartner zu suchen, die einen freundlichen Eindruck machen.

Der stolze Starke macht den Erstkontakt.

Der Studiosus geht zügig vom Smalltalk zu einem fachlichen Austausch über. Das Ergebnis für ihn ist aber vor allem: Peter hat sich handlungsfähig gemacht.

→ Er ist sich der Mechanismen bewusst, die sein Denken steuern.
→ Er handelt nicht gegen einzelne Überzeugungen, sondern mit ihnen.
→ Er fühlt sich ausgeglichen und verhält sich darum effektiv.

Sie brauchen bei der Bestimmung der Botschaften des Teams in Ihrem Kopf/Ohr/Herzen nicht immer die gesamte Mannschaft aufzustellen. Konzentrieren Sie sich auf die Hauptakteure und vor allem auf die bisher Unterdrückten. Sobald Sie aufhören, Ihre inneren Klopfzeichen zu überhören, sind Sie schon fast im Einklang mit sich selbst.

Mentale Notfall-Hilfe

Babsi hat nach eigener Aussage schon »so manche Messe überlebt«. Im vertrauten beruflichen Umfeld der Firma tritt sie sicher und freundlich auf; auf dem öffentlichen Parkett des Messestands verhält sie sich jedoch so ungeschickt, dass sie sich schon eine Rüge vom Abteilungsleiter eingehandelt hat.
Babsi erinnert sich genau an »ihren« ersten Standbesucher, da war sie noch Auszubildende. Der Mann schrie sie an, weil sie seinen Termin falsch notiert hatte; die betroffene Kollegin pflichtete ihm bei; sie stand in aller Öffentlichkeit wie ein begossener Pudel da. Diese schlechte erste Erfahrung verhinderte bislang ein unvoreingenommenes Verhalten. Zum Glück ist Babsi dieses Erlebnis so präsent, dass sie es nun bearbeiten und sich somit aus den Fußangeln der negativen Erinnerung befreien kann. Ihre neue Kollegin hilft ihr dabei mit diesen Anleitungen.

→ Denken Sie an eine Situation, in der Sie sehr erfolgreich waren. Sie wurden gelobt und/oder konnten ohne Rückmeldung von außen sehr zufrieden mit sich sein.
→ Erinnern Sie sich: Was sahen Sie? Was hörten Sie? Was fühlten Sie? Welche Haltung nahmen Sie ein, als Sie den Erfolg in Ihrem Körper spürten?
→ Nehmen Sie diese Haltung ein. Erleben Sie dieses Gefühl wieder.
→ Was an der Haltung erlaubt Ihnen, das Gefühl des Erfolgs beizubehalten? Ist es Ihre Art zu atmen, sich aufrecht zu halten, Ihr Tempo zu gehen?
→ Begeben Sie sich mit dieser in Ihrem Körper gespeicherten Erinnerung an den Messestand – nicht in der Fantasie, sondern ganz real.
→ Was spüren Sie jetzt? Was denken Sie jetzt?

Babsis Hochgefühl schwächt sich bei dem – mentalen – direkten Kontakt mit dem Auslöser der unguten Erinnerung etwas ab. Es ist jedoch stärker als das alte Gefühl der Demütigung, die sie seinerzeit an diesem Ort erfahren musste. Es wird auch künftig die Oberhand behalten, sobald sie die Körperhaltung aus der Hochstimmung einnimmt.

Selbst-Coaching vor Ort

Verbale Angriffe kommen im Smalltalk nicht vor, wenn die Beteiligten sich an die Spielregeln halten. Für den Notfall können Sie aber für die Abwehr von Angriffen einen mentalen Aufprallschutz in Ihr Repertoire der Maßnahmen zum Selbst-Coaching aufnehmen. Sie können sich als Erste-Hilfe-Maßnahme

Mit »Distanzierungsmaßnahmen« können Sie sich die anderen »vom Leib halten«.

→ einen virtuellen Regenmantel anziehen, in dem Angriffe Sie zwar erreichen, aber an Ihnen herabrinnen.
→ unter eine riesige virtuelle Käseglocke setzen, an der jede Art von Angriff abprallt.

Diese Schutzmechanismen erlauben Ihnen, Zugang zu Ihrem Verstand zu behalten und handlungsfähig zu bleiben.
Ihre Erinnerungen sind in Ihrem Körper gespeichert. Sie haben die Wahl: Wollen Sie sich über gute Erinnerungen in eine positive Körperhaltung bringen? Oder wollen Sie die Körperhaltung für positive Erinnerungen nutzen? Sie brauchen es nur zu tun.
So wie Hanni. Vor ihrer ersten Präsentation vor Klienten hat Hanni die schlimmsten Befürchtungen. Auf ihre Sachkenntnis und ihre Präsentationstechniken kann sie sich verlassen, doch vor dem Begrüßungskaffee mit den Vorständen hat sie schlichtweg Angst.
Hanni erinnert sich noch gut an den Rat ihres Patenonkels vor ihrem mündlichen Abitur: »Stell dir die Prüfungskommission in Unterhosen vor, dann bist du deine Angst schnell los.« Sie war damals so damit beschäftigt, ihre Fantasie im Zaum zu halten und sich das Kichern zu verkneifen, dass sie bei der ersten Frage des Prüfers nicht richtig zuhörte. So etwas soll ihr nicht mehr passieren.
Die Erfahrung zeigt, dass Menschen Auslöser unangenehmer Befindlichkeiten vor ihrem inneren Auge als überdimensional groß und unverhältnismäßig nah und Geräusche entsprechend übermäßig laut wahrnehmen.
Machen Sie ein Gegenüber, das Ihre Emotionen unnötig blockiert, vor Ihrem inneren Auge ruhig kleiner, als es ist. Machen Sie es aber nicht schlecht. Ein negatives Bild würde Sie negativ beeinflussen, nicht so positiv, wie Sie es zum Meistern der Situation brauchen.
Hanni kann sich entsprechend schon in der Vorbereitung ihrer Präsentation die Vorstände vor ihrem inneren Auge im wahrsten Sinn des Wortes »vom Leib halten«. Sie kann sie innerlich auf ein für sie angenehmes Maß verkleinern, sie von sich wegrücken und ihre Stimmen leiser hören. Das Ergebnis wird sein: Sie fühlt sich von den Herren nicht über-mannt, sie fühlt sich ihnen gewachsen, sie fühlt sich handlungskompetent.
Vielleicht reicht es nicht, dass sie die Übung im Vorfeld macht. Vielleicht braucht sie die Distanzierungsmaßnahme auch in der realen Situation. Auf jeden Fall wird sie die Größe haben, in der realen Begegnung kommunikativ kompetent zu sein.

Neu im Team

Nick ist seit fünf Wochen an seinem ersten Arbeitsplatz. Er tut was ihm sein Karriereberater für die Arbeit geraten hat: Er beobachtet, hört zu, hält sich zurück. Er vermeidet generell jede Tuchfühlung, er will sich ein Bild machen von den Gruppenregeln und den Allianzen, bevor er sich, wie er sagt, »aus dem Fenster lehnt«.

Diese Strategie stößt bei den Kollegen auf wenig Gegenliebe. Manche würden gern ihre Neugier stillen: Woher kommt er? Was treibt er so? Was denkt er? Andere würden ihm gern zeigen, wo seine Grenzen liegen, und das ist schwer, wenn der Neue kein Revier beansprucht. Bisher Ausgegrenzte würden den potenziellen Verbündeten liebend gern mit Informationen, gern auch privater Natur und über Kollegen, überhäufen.

Dieses Zusammenspiel der unterschiedlichen Bedürfnisse macht die Integration nicht leicht. Schon hat Nick erlebt, dass Gespräche verstummen, wenn er sich nähert, und das Gefühl gehabt, dass man hinter seinem Rücken tuschelt. Das macht ihm zu schaffen. »Um dich machen wir uns keine Sorgen, du findest überall Anschluss«, hatten seine Freunde gesagt, als er den Job antrat. Inzwischen ist Nick so frustriert, dass er große Lust hat, sich eine neue Stelle zu suchen.

Dabei hat Nick nur den Rat des Fachmanns überinterpretiert. Davon, dass er sich aus den informellen Gesprächen heraushalten sollte, war nie die Rede. Im Gegenteil. Wahrgenommene Ähnlichkeit fördert bekanntlich die Sympathie und schützt folglich gegen Aggressionen. Demgemäß soll Nick sich an den Gesprächen in der Kaffeeküche beteiligen und die Aspekte aus seinem Leben einbringen, die mit den Erzählungen der anderen im Einklang sind. Er muss dem Kollegen, der genüsslich in sein Wurstbrot beißt, nicht erläutern, dass er selbst Vegetarier ist. Er kann aber vielleicht dessen Begeisterung für Bayer Leverkusen teilen: Irgendeine Basis gibt es immer! Und sei es die Reinigung, aus der beide abends ihre frischen Hemden abholen.

So kann es Nick gelingen, mit vielen Kolleginnen und Kollegen einen freundlichen, aber losen Kontakt aufzubauen und sich vor spontanen Allianzen zu hüten.

Bei aller Flexibilität soll er jedoch eines nicht vergessen: »Everybody's Darling is everybody's Depp«. Nach ein paar Wochen muss er seine Duftmarke hinterlassen haben und einigermaßen tragfähige Koalitionen eingegangen sein, denn Allianzen bieten bekanntlich Schutz!

tipp

Nutzen Sie als neuer Kollege den Smalltalk, um das Ihnen unbekannte Terrain zu erforschen. Eruieren Sie auf sanftem Weg die Interessen, Erwartungen, Einstellungen, Be- und Empfindlichkeiten Ihrer Vorgesetzten und Kollegen. Die zu kennen kann bei Ihren beruflichen Aktivitäten nur von Vorteil sein.

interview

Wir waren dabei, das Essen auszusuchen. Im Bemühen, den direkten Draht zur Frau des Kunden zu festigen, fragte ich sie, wo denn so ihre kulinarischen Vorlieben lägen. Darauf ihr Mann: »Wir essen gern Wild. Clara, du nimmst den Rehrücken.« Während die Kellnerin die Bestellung aufnahm, konnte ich mich von meinem Entsetzen über die Bevormundung erholen. Jetzt weiß ich: Ich muss meine Wertvorstellungen hintanstellen und mich auf die Sache konzentrieren.

WENN PRIVATES UND BERUFLICHES SICH MISCHEN

Manchmal wird Ihnen die Kontrolle über den Fortgang des Geschehens abgenommen und trotzdem müssen Sie eine gute Figur machen. Ob Sie Ihre Chefin erstmalig in ihrem häuslichen Umfeld erleben oder ob Sie mit dem Vorgesetzten das Unternehmen bei einem feierlichen Anlass repräsentieren: Sobald die im Alltag erprobten Verhaltensmuster nicht mehr gefragt sind, dürfen Sie auf Überraschungen gefasst sein. Vertrauen ist gut, Selbstkontrolle ist besser. So überstehen Sie auch Situationen, die Sie zunächst verunsichern.

Wechsel des Spielfelds

Über die Einladung des Chefs hat Kim sich spontan riesig gefreut. Als einziger Mitarbeiterin wird ihr diese Ehre zuteil und sie darf Tom, ihren Lebensgefährten, mitbringen. Sie ist sich aber auch bewusst: Diese Einladung hat ihre Tücken. Nicht nur weil die Kolleginnen Kim nach dem Abend mit Argusaugen beobachten werden, sondern auch, weil sie schon während des geselligen Abends auf dem Prüfstand steht: beim Chef, bei seiner Frau, bei den übrigen Gästen. Tom wird genauso unter die Lupe genommen.

Wie sollen sie sich da dem Anlass gemäß gelassen und gelöst verhalten? Mit Fingerspitzengefühl und Vorsicht! Schließlich sind beide nicht als Alleinunterhalter eingeladen. Profil sollen sie bitte dennoch an den Tag legen. Dazu bedarf es einiger Vorbereitungen. Stimmen Sie Ihre Kleidung auf das zu erwartende Umfeld ab. Zum Sushi-Abend müssen Sie nicht unbedingt in dem Dirndl erscheinen, das Sie in der Kur in Bad Füssing erstanden haben. Wird der Dress Code nicht vorgegeben, fragen Sie: »In welchem Outfit möchten Sie uns sehen?«

Tom war nicht gut genug vorbereitet. Kims Chef legte eine CD auf, sagte etwas von Verdi und schwärmte: »Und Verona war wieder ein Traum!« Tom griff das Stichwort begeistert auf – endlich konnte er mitreden! – und begann die Vorzüge der Schauspielerin Feldbusch aufzuzählen. Kims Chef hatte natürlich die Stadt gemeint, nicht die Dame. (Und mit Verdi nicht die Gewerkschaft, sondern den Komponisten.)

Tom merkte das dann auch und machte Kim zu Hause eine Szene. Sie hätte ihn »briefen« sollen, schließlich kannte sie die Lieblingsthemen ihres Chefs. Kim wiederum ließ Toms Vorwürfe nicht gelten: Er hätte auf den Zusammenhang der Äußerungen hören und sich darauf einstellen müssen. Bei Bedarf hätte er über eine Brücke in einen neuen thematischen Rahmen gehen können.

Recht haben sie natürlich beide.

Wie Tom aus dem Fettnäpfchen herausgekommen ist, wollen Sie vielleicht noch wissen. Der Gastgeber überhörte geflissentlich den Kommentar, die Gastgeberin merkte mit einem Augenzwinkern an: »Wie leicht es doch ist, schöne Dinge zusammenzufügen.« Ein zweiter Fauxpas dieser Art hätte Tom nicht unterlaufen dürfen.

»Verona ist nicht gleich Verona!« – Seien Sie auf der Hut vor Fettnäpfchen!

Siezen und Duzen

Marie begleitet den Geschäftsführer zum großen Get-together der Filialen. Es wird gelacht, gefeiert, getanzt. Da passiert es: »Marie, es ist doch kein Zufall, dass wir beide einen so herrlichen Abend hier verbringen. Es ist ja auch schon längst an der Zeit. Also: Ich bin der Horst.«
Unter protokollarischem Aspekt hat der Vorgesetzte das Recht, seiner Mitarbeiterin das Du anzubieten, der gesellige Rahmen bietet hierfür eine günstige Gelegenheit.
Einem Kollegen oder einem Fremden gegenüber könnte Marie eine Ausflucht finden. Dieses Angebot jedoch kann sie nicht ablehnen. Sie müsste um ihr Fortkommen im Unternehmen fürchten, wenn sie einen Entscheidungsträger derart brüskierte. Zudem wäre eine Ablehnung nicht fair, nachdem sie im Lauf des Abends schon sehr viel Nähe zugelassen hat. Es wäre vielleicht effektiv, aber nicht besonders souverän, ihr Glas fallen zu lassen und dem Ritual durch das Aufsuchen der Scherben zu entkommen.
Marie wird das Angebot annehmen. Möglicherweise ist sie im Zweifel, ob es auch für den nüchternen Alltag in der Firma gemeint ist. Möglicherweise umgeht der Geschäftsführer die direkte Ansprache im Beisein anderer Mitarbeiter. Dann sollte sie bei der nächsten Begegnung das Thema unter vier Augen ansprechen: »Wir sind beim Kick-off beim Du gelandet. Wie halten wir es hier?«

tipp

Jedes Spiel hat seine eigenen Regeln. So vertraut ein privates Ambiente auch sein mag: Im Arbeitsumfeld gelten auch »am Morgen danach« die dort üblichen Rollenverteilungen. Verwechseln Sie die Spielfelder nicht. Sorgen Sie für Klarheit. Denn:

- ✔ Klarheit bedeutet Freiheit.
- ✔ Klarheit erlaubt, bei der Sache zu sein.
- ✔ Klarheit entlastet das Gehirn.
- ✔ Klarheit schafft Flexibilität.
- ✔ Klarheit verhilft zu Gelassenheit.

Mit Maslow zum passenden Thema

Vorbereitung und Spontaneität sind keine Widersprüche; vielmehr ist eine solide – allerdings nicht detaillierte! – Vorbereitung gerade die Basis für spontanes Verhalten. Die Bedürfnispyramide von Abraham Maslow (siehe Kapitel »Von Mensch zu Mensch«) bietet ein Raster, um in so brenzligen Situationen wie dem Besuch beim Chef thematisch immer wieder eine gute Wahl zu treffen. Erinnern Sie sich: Maslow unterscheidet fünf Ebenen der menschlichen Bedürfnisse. Entsprechend können Sie spontan bei Ihrem Chef Themen aufgreifen und Gesprächsanlässe schaffen.

1. **Die physiologischen Bedürfnisse:** Dass neben dem Hier und Jetzt Essen und Trinken generell gute Themen sind, ist klar. Wo liegen in diesem Haushalt die Besonderheiten? Vielleicht erlaubt die Gastgeberin Ihnen, beim Abtragen des Geschirrs zu helfen, und Sie sehen in der Küche eine Serie Bücher über Vollwert-Küche stehen.
2. **Das Bedürfnis nach Sicherheit:** Finanzielle Sicherheit ist sicherlich kein Thema, und dass Sie gerade gegen Ihre Nachbarn prozessieren, brauchen Sie nicht auf Anhieb preiszugeben. Doch wie steht es mit der Verkehrssicherheit auf dem Schulweg der Kinder? Und haben Sie nicht den Hinweis »Hier passe ich auf« am Gartentor gesehen?
3. **Das Bedürfnis nach Zugehörigkeit:** Die thematischen Gemeinsamkeiten aus dem Beruf lassen Sie aus. Sie brauchen sich auch nicht anzubiedern und ein Hobby vorzugeben, das Sie gar nicht haben. Aber erinnert Sie der Vorgarten, durch den Sie eben kamen, nicht an einen dieser Parks in Südengland, den Sie letztes Jahr besichtigt haben, wie hieß er denn noch?
4. **Das Bedürfnis nach Anerkennung:** »Der Mensch kann sich gegen einen Angriff wehren, nicht aber gegen ein Lob«, wusste schon Sigmund Freud. Vermeiden Sie es jedoch, Ihren Chef durch Lobhudelei wehr- und willenlos zu machen. Allzu viel Respekt hemmt nicht nur den, der ihn hat.
5. **Das Bedürfnis nach Selbstverwirklichung:** »Ich bewundere immer wieder, wie geschickt manche Menschen aus unangenehmen Situationen herauskommen.« Stellen Sie diese gleichzeitig allgemeine und persönliche Feststellung über das Kommunizieren zur Disposition, kann sich jeder angesprochen fühlen. Der eine, weil er Ihre Bewunderung teilt; der andere, der über genügend unangenehme Situationen berichten kann, in die er sich verrannt hat; und auch der, dessen Geschick tatsächlich bewundernswert ist; er hat jetzt die Gelegenheit, sich in puncto Bescheidenheit zu verwirklichen.

Maslowsche Pyramide

Es könnte passieren, dass Sie abendfüllende Themen angeschnitten haben. Die Maslow'sche Bedürfnispyramide gilt für alle Menschen, egal auf welcher Stufe sie sich gerade befinden.

interview

Endlich hatte ich einen Trick gefunden, um mir mein Unwohlsein in Gruppen zu ersparen: Ich schlich mich erst unmittelbar vor dem Beginn des Meetings, in den Raum, um nur ja nicht aufzufallen. Und jetzt verlangt mein Chef, dass ich ihn bei größeren Veranstaltungen nicht nur begleite, sondern immer häufiger sogar vertrete.

FEUCHTE HÄNDE UND EIN KLOß IM HALS?

Unüberwindlich scheinende Hindernisse treten in Ihrem beruflich-gesellschaftlichen Leben, das ist Ihnen zu wünschen, nicht häufig auf. Dennoch – oder gerade deshalb – ist eine gezielte Vorbereitung für den Fall des Falles angezeigt. Damit Ihr Körper Ihnen keinen Strich durch die Rechnung macht, sondern als Werkzeug dient, gibt es wirksame Tricks, die Sie anwenden können.

Nie wieder sprachlos

Niemand im Kollegenkreis käme auf die Idee, von Jan zu denken, er sei auf den Mund gefallen. Es hat ihn auch noch keiner seiner Kollegen aus dem Design-Studio auf gesellschaftlichem Parkett erlebt. Da druckst er herum, da drückt er sich wie ein Mauerblümchen herum. Und wenn er zu allem Überfluss angesprochen wird, schießt ihm die Röte ins Gesicht ... Was kann er tun?

→ **Wissen:** Herzklopfen, Blut im Kopf und Schweiß an den Handflächen – das sind Relikte aus alter Zeit. Unseren Urvätern half die erhöhte Durchblutung, sich aus lebensgefährlichen Situationen zu retten. Nehmen Sie diese Körperfunktionen als bewährtes Signal, dass hier mehr von Ihnen gefordert wird als im Alltag. Sie könnten Ihrem Körper für diese Meldung dankbar sein.

→ **Atmen:** Stress beschleunigt die Atmung. Schnelles Atmen verhindert richtiges Atmen. Richtiges Atmen bei Stress heißt: Dampf ablassen! Vor wichtigen Handlungen ist Ausatmen wichtig. Das bewusste Ausatmen beeinflusst automatisch die Sprechweise. Soweit ist Jan zwar noch nicht. Doch er darf schon jetzt wissen: Bewusstes Atmen kürzt die Sätze. Politiker gehen bei Interviews oft am Ende des Satzes mit der Stimme nach oben, um Unterbrechungen vorzubeugen. Leider wirkt das aber unsicher, weil fragend. Beim Ausatmen senkt sich die Stimme automatisch, der Sprecher wirkt sicherer und wird sicherer (siehe auch »Schaffen Sie Stimmung über die Stimme«, S. 28).

→ **Desensibilisieren:** Jan kann seine gesellschaftlichen Ängste wie eine Allergie, eine Überreaktion seines psychischen Systems behandeln und sich in Situationen begeben, die das Unbehagen auslösen.

1. Er sollte dabei stufenweise vorgehen und mit kleineren Gruppen in seinem beruflichen Umfeld beginnen.
2. Werden die Äußerungen seines Körpers schwächer, kann er sich zu gemischten beruflich-gesellschaftlichen Veranstaltungen begeben, bei denen er mit großer Wahrscheinlichkeit Bekannte trifft.
3. Sobald die unangenehmen Empfindungen auch dort nachlassen, kann er den nächsten Schritt machen und Großveranstaltungen in einem völlig fremden Umfeld besuchen.

→ **Paradox vorgehen:** Eine Nachbarin, Sozialpädagogin von Beruf, hat Jan geraten: »Versuchen Sie einmal, mehr zu erröten. Geben Sie Ihren Händen den Auftrag, noch viel feuchter zu werden. Bitte bemühen Sie sich richtig.« Jan hat schnell festgestellt: Das geht nicht. Mehr noch: Das Erröten hat nachgelassen, langsam trockneten sogar seine Hände.

Zugang zu Gruppen finden

Anni bekam einen Schrecken, als sie sich in dem verspiegelten Bankettsaal umschaute: Krumm stand sie da, inmitten des größtenteils männlichen Publikums, am Rand, mit verschränkten Armen, eine Hand am Schultergurt der Handtasche festgekrallt. Dieses Bild sollte nun wirklich niemand von ihr haben! Zumal sie sich mental auf diese Veranstaltung vorbereitet hatte. Sie wollte heute mit mindestens zehn Visitenkarten von potenziellen Kunden nach Hause gehen. Sie beobachtete andere einzelne Frauen bei der Kontaktaufnahme. Wie machten die das?

Die Hostessen hatten es gut in ihrer Rolle, Hilfe, Getränke, Informationen anbieten zu können. Sie unterbrachen Gruppengespräche, stellten sich vor, verteilten Visitenkarten, nahmen andere entgegen, plauderten. Nicht ein einziges Mal wurde ihnen Ablehnung oder gar Abweisung signalisiert. Im Gegenteil: Die

Männer schienen begeistert über die Gesellschaft. Beneidenswert!
Anni durchstreift weiter den Raum. Sie stellt dabei fest: Mit einem Ziel vor Augen ist das kein Problem. Die Spiegelwand verrät ihr: Sie hält sich jetzt gerade, sie geht langsam, sie lässt ihre Blicke schweifen – exakt wie sie sich das vorgenommen hat.
Sie sondiert weiter das Terrain: Es gibt Gruppen, die ihr eine Kontaktaufnahme sichtlich schwer machen würden. Ihr ist klar:
→ Menschen, die eng beieinander stehen und leise sprechen, haben Vertrautes auszutauschen. Da würde der Neuankömmling als Eindringling betrachtet.
→ Menschen, die zwar in größerer Distanz voneinander stehen, aber laut parlieren und miteinander lachen, haben genug Spaß ohne eine andere Person.
→ Eine Gruppe, die nicht geschlossen steht und in durchschnittlichem Ton spricht, bietet eine höhere Chance, Aufnahme zu gewähren.
Anni erwägt verschiedene Möglichkeiten, eine Gruppe zu kontaktieren:
1. Zielgerichtet an eine Gruppe herantreten, sich namentlich vorstellen, jedem die Hand reichen, von sich aus ein Thema anbieten: »Wie finden Sie denn den Cocktail?« Das ist ihr zu forsch, soviel Dominanz passt überhaupt nicht zu ihr.
2. In gebührendem Abstand stehen bleiben, von dort dem Gespräch zuhören, sich langsam nähern, sich einschalten mit: »Ich höre da gerade, dass Sie die Kompetenz des Referenten infrage stellen. Ich bin da ganz Ihrer Meinung ...« Das ist ihr zum einen zu zögerlich, zum andern fürchtet sie, die Gruppenangehörigen durch ihr verdecktes Mithören zu verunsichern. Das wäre auch schlecht.
3. Offen und ehrlich um Aufnahme bitten: »Erlauben Sie, dass ich mich zu Ihnen geselle?« Das wird sie tun, es entspricht ihrer offenen Art, es entspricht ihrer Rolle: Sie kann nichts anbieten, muss also bitten, braucht sich deshalb aber nicht zu rechtfertigen.

Dann soll die Gruppe entscheiden:
→ Wird ihr die Hand gereicht? Wird das Gespräch unterbrochen und eine Vorstellungsrunde eingeläutet? Gut so.
→ Wird sie ohne Aufhebens eingefädelt? Auch gut. Vorstellen kann sie sich immer noch.
→ Abgewiesen wird sie mit Sicherheit nicht. So höflich, die offene Bitte positiv zu beantworten, sind auch fremde Menschen!

Was können Sie von Anni lernen? Alles! Sie brauchen sich zwar nicht so zu entscheiden wie sie, ihr Weg zur Entscheidung jedoch ist eine gute Basis für Ihr Vorgehen. Welches Verhalten passt am besten zu Ihnen?

tipp

Gehen Sie vor allem in schwierigen Situationen ökonomisch vor. Signale verstehen, Allianzen erkennen, Chancen einschätzen – das sollte Ihre Devise sein!

Entsprechend brauchen Sie die Überlegungen zum geschickten Verhalten im Raum nur noch umzusetzen. Idealerweise gehen Sie konkret so vor:

→ Halten Sie sich im Zentrum des Raums auf. Mauerblümchen üben keine große Anziehungskraft aus.

→ Stehen Sie nicht, gehen Sie. Wer sich bewegt, wird als kompetenter erachtet als jemand, der Wurzeln schlägt. »Ein Tänzer ist besser als eine Statue«, sagen die Amerikaner.

→ Nehmen Sie Blickkontakt zu möglichst vielen Menschen auf, lösen Sie sich bewusst wieder daraus. Wer Blickkontakt anbietet, wird als kommunikativer erachtet als jemand, der sich nicht traut, anderen mit den Augen zu begegnen.

→ Wer kompetent und kommunikativ ist, wirkt attraktiv. Bei der wiederholten Begegnung nicken Sie mit einem kleinen Lächeln. So haben Sie schon eine Reihe Bekannte im Raum, bevor Sie sich nun eine Gruppe aussuchen.

→ Nähern Sie sich in offener Haltung, falten Sie nicht die Hände vor dem Körper oder dahinter! Das eine kann als ängstlich interpretiert werden, das andere als zögernd. Das wollen Sie schließlich nicht.

→ Machen Sie sich per Blickkontakt beim Gruppenführer bemerkbar.

→ Nutzen Sie eine minimale Gesprächspause, um ihn und damit die Gruppe anzusprechen.

→ Sind Sie zu mehreren, dann laden Sie Einzelpersonen aktiv in Ihre Kleingruppe ein. Das trägt zu Ihrem Ruf als Sympathieträger genauso bei wie zur Abwechslung in Ihrer Unterhaltung.

übung

In Annis Geschichte finden sich eine Reihe versteckter Tipps, wie Dinge anders gesehen werden können, als es oft der Fall ist. Welche finden Sie?

Es geht zum Beispiel um

- ✔ den Spiegel: Anni nutzt das Hindernis als Hilfsmittel.
- ✔ den Raum: Anni sieht die Menschenmenge nicht als Ganzes, sondern unterteilt in überschaubare verschiedenartige Gruppen.
- ✔ die Rollen: Die Hostessen sind nicht Hilfskräfte, sondern – ganz im Gegenteil – Gastgeberinnen.
- ✔ Hierarchie und Geschlecht: Die Männer lehnten die jungen Frauen nicht ab, freuten sich vielmehr über die Abwechslung.
- ✔ die Blicke der anderen: Anni sieht sie nicht als Kontrolle, sondern vielmehr als Einladung.
- ✔ ihren eigenen Charakter: Anni interpretiert ihre zurückhaltende Art nicht als Schwäche, sondern als Strategie.
- ✔ Welche Um-Denkungs-Prozesse finden Sie noch, die Sie für sich nutzbar machen können?

Mit ein wenig Mut und Vorbereitung schaffen Sie den Zugang zu jeder Gruppe.

→ Möchten Sie dagegen an eine sehr wichtige Person herankommen, dann lassen Sie sich von einem Verbindungsmann vorstellen. Geben Sie ihm strategisch ein Thema mit. Dann braucht er Sie nicht anzupreisen wie sauer Bier.

Auch ein Störenfried ist ein Unikat; standardisierte Sprüche helfen wenig; schnelles, kluges, situationsgerechtes Reagieren ist gefragt. Allzu leicht findet sonst ein Störenfried einen Gegenpart, der ihn in seinem Verhalten bestärkt. Paarweise aufeinander bezogen, können sie sich in einer Spirale verfangen, die eine gute Atmosphäre empfindlich stört.
Vielleicht ist Ihnen das eine oder andere Pärchen schon einmal begegnet:

→ Exhibitionist und Voyeur
→ Masochist und Folterknecht
→ Missionar und Jünger
→ Provokateur und Trotzkopf
→ Spaßvogel und beleidigte Leberwurst
→ Trauerkloß und Retter
→ Ulknudel und Beifallklatscher
→ Besserwisser und Speichellecker
→ Angeber und Anbeter und so weiter.

»Wehre den Anfängen« – dieses Prinzip der alten Römer ist auch hier angebracht, um Eskalationen zu verhindern. Und um auf die Spielregel zurückzuführen, dass erfolgreiche Kommunikation immer langfristige und damit immer faire Kommunikation ist.
Reni hat den Dreh heraus. Mit einem Lachen gelingt es ihr, selbst bösartig gemeinte Störungen zu entschärfen. Am liebsten reagiert sie auf Provokationen. Gestern erst wieder gelang ihr spontan ein Wurf mit ihrer Antwort auf die Attacke eines Geschäftspartners: »Sie finden, mein Beraterhonorar ist zu hoch? Das denke ich schon lange. Aber sagen Sie mal, wussten Sie eigentlich, dass der Honorarkonsul von Indonesien ...« Weg ist sie.

Peinliches

Unfreiwillig komische Äußerungen und Peinlichkeiten kommen aus dem Unbewussten Ihres Gegenübers, belassen Sie sie möglichst dort. Sie brauchen den Verursacher nicht durch einen Kommentar noch weiter ins Fettnäpfchen zu stoßen. Da leistet sich Ihr Vorstand einen Freud'schen Versprecher? Statt sich halbtot zu lachen oder ihm tröstend zu versichern, das könne Ihnen auch passieren: Tun Sie so, als hätten Sie nichts bemerkt. Gehen Sie zum Lachen zur Toilette.

Provokateure

Provokationen können Sie ebenfalls durch Ignorieren die Spitze nehmen. Eine provokative Aussage ist zwar nicht sachlich gemeint, hat aber einen Sachaspekt, auf den können Sie sich seelenruhig beziehen. Sie können gewiss sein: Wenn der Fisch dem Köder ausweicht, gibt der Angler irgendwann auf und sucht sich andere trübe Gewässer. Auf den unsachlichen Kommentar zu ihrem Honorar hätte Reni nach diesem Muster beispielsweise gekontert: »Apropos Beratung: Wollen wir jetzt mal zur Arbeit übergehen?«

Schweiger

Schweiger sind mit der aktuellen Thematik unter- oder überfordert. Führen Sie sie zu ihrer Kompetenz. Sie bringen sie zum Reden, indem Sie ihnen Fragen stellen, für deren Beantwortung ihr Expertentum zum Zuge kommt. Diese Fragen beginnen mit einer Feststellung und enden mit einer direkten Aufforderung: »Sie sind doch, wenn ich richtig verstanden habe, EDV-Trainer. Wie schätzen denn Sie die Sache ein?«
Sie können auch den Schweiger durch Blicke, Nicken und Lächeln ermuntern, sich in die Unterhaltung einzubringen – und eine Allianz mit einem anderen Gesprächsteilnehmer eingehen, der ihm nahe steht. Hilft alles nichts, regen Sie den Schweiger an, mit Ihnen gemeinsam etwas zu tun.

Nörgler und Jammerer

Nörgler und Jammerer mit Gegenargumenten in Schach halten zu wollen ist zwecklos. Erst wenn sie ihre Frustration ausgeschüttet haben, haben sie den Kopf frei für anderes. Bringen Sie sie mit aktivem Zuhören dazu, schnell viel loszuwerden. Sie werden sich von Ihnen verstanden fühlen und Ihnen vertrauensvoll in andere Themenfelder folgen. Und im Nu ist das Gejammer vorbei.

Schlaumeier

Dauerredner, Besserwisser und Angeber haben, wissen und können viel und brauchen dafür Anerkennung. Verweigern Sie sie ihnen, müssen Sie sich immer neue, bessere, wichtigere Erfahrungen und Einsichten anhören.

tipp

Wenn Sie wollen, dass eine Person ihr Verhalten ändert, steigen Sie in das Weltbild ein, auf dem dieses Verhalten basiert. Von dort aus lenken Sie sie in einen für Sie angenehmeren Rahmen um. Machen Sie sich keine falschen Hoffnungen auf dauerhafte Veränderungen: Es reicht aus, wenn Ihre Intervention in einer einzelnen Situation wirkt.

Setzen Sie sich Störern gegenüber freundlich aber bestimmt durch.

Leihen Sie ihnen lieber gleich ein offenes Ohr. Stellen Sie danach detaillierte Fachfragen so gezielt, dass sie passen müssen. Nun kommen die anderen zu Wort.
Gehen Sie mit Rechthabern entsprechend vor. Splitten Sie Ihre Replik. Zuerst geben Sie ihnen Recht: »Stimmt in den Punkten eins bis drei.« Dann schließen Sie an: »Und außerdem gilt: …«

Unterbrecher

Sogar Unterbrecher schlagen Sie mit der eigenen Waffe: Unterbrechen Sie die Unterbrechung mit einer strategischen Kombination der Handbewegung »Stopp« und Ihrem Durchhaltevermögen. Sprechen Sie weiter, werden Sie dabei eher leiser als lauter, eher langsamer als schneller. Sprechen Sie deutlich. Halten Sie zuerst Blickkontakt mit dem Unterbrecher, dann mit den anderen Beteiligten. Bei diesem Vorgehen können Sie die Aufforderung »Lassen Sie mich bitte ausreden« auf den äußersten Notfall beschränken. Sollten Sie darauf zurückgreifen müssen: Sprechen Sie langsam und deutlich und mit einer tieferen Stimme als gewöhnlich.

Witzbolde

Der chronische Witzbold braucht ebenfalls ständig sein Publikum. Ein »Kennen Sie den?« jagt den andern. Manchmal hilft in einer solchen Situation ein paradoxes Vorgehen: »Ich sage ja nicht, dass wir nun zum Ernst der Lage zurückkommen sollten, jedoch …«

So manche Störung können Sie anders definieren, als »Macke« zum Beispiel, von denen wir ja alle welche haben. Dann können Sie ihr möglicherweise mit Gleichmut begegnen. Dauerredner zum Beispiel machen Ihnen das Smalltalk-Leben ja richtig leicht, weil Sie nur zuzuhören brauchen. Vielleicht schalten Sie ja hin und wieder mal ein Augenblickchen ab.

Auswege aus Psycho-Spielchen

Es gibt Störungen im zwischenmenschlichen Miteinander, die rein zufällig auftreten, und solche, die nicht zufällig, aber einmalig auftreten. Von diesen Beeinträchtigungen eines angenehmen Austauschs war bisher die Rede.

Es gibt Menschen, die Störungen produzieren und professionelle Hilfe benötigen. Von denen soll hier gar nicht die Rede sein. Hier ist die Rede von Menschen, die Störungen mit penetranter Regelmäßigkeit produzieren, und denen, die sich in deren manipulative Spielchen verwickeln lassen.

Jonas kommt immer wieder in eine ähnliche Situation wie diese: Die Ware ist nicht vertragsgemäß da, er ruft bei der Lieferantin an, plaudert mit ihr und fragt beiläufig nach der ausstehenden Lieferung.

Die Dame geht auf den Plauderton ein und fügt locker ein, der schriftlich vereinbarte Liefertermin werde vielleicht am Ende der Folgewoche eingehalten. Darauf kündigt Jonas, gleichbleibend freundlich, die Kürzung der Rechnung an.

Diesen Übergang vom Smalltalk-Ton zum Business-Inhalt akzeptiert die Lieferantin nicht. Sie wird laut und behauptet, mit ihm mündlich eine Zusatzvereinbarung für einen späteren Liefertermin getroffen zu haben, was nicht stimmt. Sie greift Jonas persönlich an: Er sei unfair, geradezu inkompetent. Sie will seinen Vorgesetzten sprechen.

Dem legt sie nicht nur ihr »Problem mit Jonas« dar – von der Lieferverzögerung ist keine Rede – , sie klagt auch gleich ihr Leid: kranker Mann, zwei kleine Kinder, Schulden. Jonas habe sie zutiefst enttäuscht.

Der Vorgesetzte, von den Klagen beeindruckt, macht Jonas Vorwürfe: Da müsse man doch Verständnis aufbringen ...

Jonas ist im Recht, seinem Kunden gegenüber in der Zwickmühle und versteht die Welt nicht mehr.

Drama-Dreieck

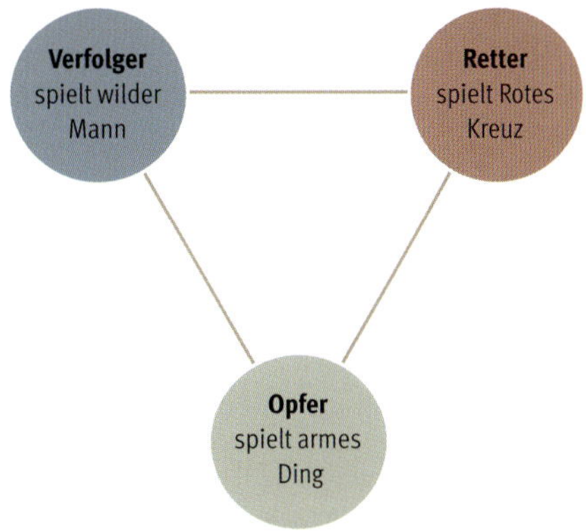

Er hätte wissen sollen, dass er sich vom ersten Augenblick in einem Eskalationsmechanismus verfangen hat, den Eric Berne als Drama-Dreieck darstellt. Es ist als Instrument zur Diagnose von derartigen Psycho-Spielchen hervorragend geeignet.

Jonas ist objektiv betrachtet das »Opfer« der Verzögerung sowie der Plauder-Einwicklungs-Taktik der Lieferantin. Durch seinen Strategiewechsel vom Plaudern zum harten Verhandeln wird er aber im Weltbild der Lieferantin zum »Verfolger«. Diese, ursprünglich Verursacherin des Problems, flüchtet sich ihrerseits in die »Opfer«-Rolle und ruft von dort den Vorgesetzten um Hilfe an, der prompt die Rolle des »Retters« annimmt und Jonas zum Opfer seines Tadels macht.

Das wird Jonas wiederum der Lieferantin nicht vergessen. Und was der Vorgesetzte ihm angetan hat, wird er den Kollegen berichten, zudem es nicht das erste Mal ist, dass der Herr »Rotes Kreuz« spielt und einem Mitarbeiter in den Rücken fällt. So dreht sich das Dreieck auf eine sehr ungute Weise weiter.
Wenn Jonas sich der Eigendynamik dieser Art von Spielen dauerhaft entziehen will, fragt er sich bei unangenehmen Interaktionen mit Wiederholungseffekt:

→ Welche Rolle spielt mein Gesprächspartner: Opfer – Täter – Retter?
→ Welche Rolle bietet er mir entsprechend an?
→ Wie lehne ich dieses Angebot ab, so dass ich mich hinterher – dennoch oder deshalb – gut fühlen kann?

tipp

Ob im Smalltalk oder im Business Talk: Rechnen Sie mit der Eskalation, sobald Sie aus der Ihnen zugedachten (und bisher gespielten) Rolle aussteigen. Bleiben Sie höflich, aber standhaft beim Ablehnen der Ihnen angebotenen Rolle. Rechnen Sie damit, dass der Mit-/Gegen-Spieler die Rolle wechselt: Zu Angreifern mutierte Opfer schlagen verbal hart zu! Halten Sie durch. Denn jedes Spiel hat einen Gewinn, aber auch seinen Preis!

Künftig kann Jonas dann

→ im Konfliktfall umgehend den Vorgesetzten kontaktieren – dessen Vorliebe für die Retter-Rolle für sich nutzen;
→ der Lieferantin durch Vorauszahlungen Linderung bei ihren finanziellen Problemen verschaffen, also selbst Retter spielen;
→ der Lieferantin seine Schwierigkeiten überzeichnet darlegen – strategisch in die Opfer-Rolle gehen und ihr somit die Retter-Rolle anbieten;
→ auf Gespräche verzichten und mit der Lieferantin nur schriftlich verkehren – die Grundlage für das Missverständnis aufheben;
→ die Lieferantin oder den Arbeitsplatz wechseln – das Spiel aufgeben.

Stellen Sie sich einmal vor, Sie träfen beim Après-Golf an der Bar ein Kundenpaar. Beim Smalltalk fordert die Frau Sie auf: »Schauen Sie sich das an, wie er eine Zigarette nach der andern anzündet. Er raucht einfach zu viel, finden Sie nicht?« Wie lehnen Sie diese Einladung zum Psycho-Spiel mit dem Drama-Dreieck im Hinterkopf elegant ab?
Eine Idee: Vielleicht waren Sie früher einmal selbst Raucher und sind durch die Hilfe eines Experten in Zürich zum Nichtraucher geworden. Als Sie da in Zürich waren, haben Sie auch gleich ... dies und jenes getan. Sind die Herrschaften nicht auch hin und wieder in der Schweiz? Vorzugsweise zum Golfen?
Eine andere: Gewohnheiten verändern ist so schwer, das haben Sie am eigenen Leib erfahren, als Sie auf den Dienstwagen mit Automatik umgestiegen sind. Fährt die Dame nicht auch so ein Modell?

übung: flexibel umlenken

Bälle aufzugreifen und zielgerichtet weiterzureichen – das können Sie mit dieser Übung trainieren.

Mit einem Stichwort gibt Ihr Übungspartner Ihnen ein Thema vor, zum Beispiel »Italienische Weine«.

Kaum haben Sie begonnen, Ihre Erfahrungen mit und Ihr Wissen über Weine aus Italien auszubreiten, überrascht Ihr Partner Sie mit einem neuen Stichwort, sagen wir »Boxenluder«. Ihre Aufgabe: von den italienischen Weinen eine Brücke zum Boxenluder zu schlagen, die nachvollziehbar, logisch und im besten Fall witzig ist. Vielleicht machen Sie es so: »Während der Kellner mir diesen herrlichen Chianti einschenkte, fiel sein Blick auf das Boxenluder, das gerade mit dem bekannten Rennfahrer das Lokal betrat. Der Wein landete nicht im Glas, sondern auf meinem Jackett.«

Kaum haben Sie sich mit dieser Situation vertraut gemacht, wirft Ihr Partner Ihnen ein neues Stichwort zu. »Wäscheklammer«? Nein, das wäre zu leicht, da das Jackett ja nun gereinigt und getrocknet werden muss. Vielleicht traut er Ihnen zu, den Bogen zu »Surfbrett« zu spannen.

Selbstverständlich springen Sie bei einer realen Unterhaltung nicht im Zickzack durch die Themenwelt. Diese Übung ist geeignet, Ihre Kombinationsfähigkeit zu schärfen. Und nicht vergessen: Reden lernt man nur durch Reden.

Gäste galant hinauskomplimentieren

Sie brauchen die richtigen Worte, um eine Unterhaltung in Gang zu halten. Sie brauchen die richtigen Worte, um sie angemessen zu beenden – besonders wenn Sie Gastgeber sind und die Gäste wichtig für Sie sind. Sie müssen vor allem die richtigen körpersprachlichen Botschaften senden, damit Ihre Gäste Ihnen glauben: Jetzt ist wirklich endgültig Schluss. Andreas hat seinen Chef mit Frau zu Gast, der fühlt sich sichtlich wohl bei ihm, nimmt jedes Angebot für »noch einen Schluck« dankend an. Die Frau des Chefs krault den Hund. Wer weiß, vielleicht beabsichtigen die beiden, sein Durchhaltevermögen zu testen? Oder doch eher seine Durchsetzungfähigkeit? Andreas graut vor dem nächsten Morgen, er muss um 7.30 Uhr am Flughafen sein – in Vertretung

Bedenken Sie: Das Ende jeder Kommunikation ist genauso wichtig wie ihr Anfang.

des Chefs. Wie wird er die beiden los, ohne sie zu brüskieren?
Gäste gehen davon aus, dass Gastgeber sie gern bei sich haben. Dennoch verstehen sie, dass es Grenzen gibt.
Sicherlich sind selbst den Gästen mit Sitzfleisch ehrliche und deutliche Signale lieber als verdecktes Gähnen, demonstratives Lüften des Esszimmers oder das Klingeln des Taxifahrers, den die Gastgeber heimlich bestellt haben.
Idealerweise kündigt Andreas das Ende mittelfristig an: »Darf ich denn zum Schluss noch einen Digestif anbieten?« Dieses Signal sollten seine Gäste nicht überhören. Er kann es dadurch verstärken, dass er nach den Terminen des nächsten Tages fragt.
Tun sie das doch, kann Andreas aufhören nachzuschenken und zu einem Schlusswort ansetzen: »Meine Frau und ich danken Ihnen sehr für Ihren Besuch. Ich habe mich ganz persönlich über den vertrauensvollen Austausch auch jenseits des beruflichen Rahmens gefreut. Und ich freue mich schon sehr auf Ihren nächsten Besuch hier bei uns.«
Verändern Sie für Ihre abschließenden Worte Ihre Stimmhöhe und Ihre Sprechgeschwindigkeit. Stehen Sie auf, machen Sie einen entschiedenen Schritt. Allein durch den Wechsel von Sprachform und Körperhaltung versteht Ihr Gast Ihre Botschaft. Lassen Sie ihm die Zeit, sich seinerseits angemessen zu bedanken.
Erweisen Sie Ihren Gästen die letzte Ehre des Tages: Bringen Sie sie nicht nur bis zur Wohnungstür, sondern bis ans Auto. Warten Sie, bis die Gäste abgefahren sind. Nicht um sicher zu sein, dass sie nicht zurückkommen, sondern damit die Gäste sicher sein können, dass Sie ganz bei ihnen waren. Sie wissen ja: Der letzte Eindruck bleibt!

Service

Bücher, die weiterhelfen

- Bonneau, Elisabeth: *Knigge for Business.* Hampp Verlag, Stuttgart
- Buzan, Tony und Stanek Wolfram: *Memory Power: Die Gebrauchsanweisung für Ihr Gehirn.* Augustus Verlag, München
- de Bono, Edward: *Parallel Thinking.* Penguin Books, London
- Dehner, Ulrich: *Die alltäglichen Spielchen im Büro.* Campus Verlag, Frankfurt/New York
- Edelmann, Walter: *Lernpsychologie.* Beltz PVU, Weinheim
- Forgas, Joseph P.: *Soziale Interaktion und Kommunikation.* Psychologie Verlags Union, Weinheim
- Frey, Siegfried: *Die Macht des Bildes.* Verlag Hans Huber, Bern
- Häusel, Hans-Georg: *Think limbic.* Haufe Verlag, Freiburg
- Hartig, Matthias: *Erfolgsorientierte Kommunikation.* Francke Verlag, Tübingen
- Heller, Eva: *Wie Farben wirken.* Rowohlt Taschenbuch Verlag, Reinbek
- Johnstone, Keith: *Improvisation und Theater.* Alexander Verlag, Berlin
- Morris, Desmond: *Körpersignale: Vom Scheitel bis zum Kinn* und *Vom Dekolleté bis zum Zeh.* Heyne, München
- Mühlen Achs, Gitta: *Geschlecht bewusst gemacht.* Verlag Frauenoffensive, München
- Schulz von Thun, Friedemann: *Miteinander reden. Bände 1 bis 3.* Rowohlt Taschenbuch Verlag, Reinbek
- vos Savant, Marilyn und Fleischer, Leonore: *Brain Building.* Rowoldt Taschenbuch Verlag, Reinbek

Register

GU-Kompasse Business

→ So schön kann Wissen sein

ISBN 3-7742-5400-1

ISBN 3-7742-0777-1

ISBN 3-7742-4996-2

ISBN 3-7742-3607-0

ISBN 3-7742-3605-4

ISBN 3-7742-3612-7

ISBN 3-7742-3610-0

ISBN 3-7742-3603-8

Zum Nachschlagen, Auffrischen und Schlaumachen – die Business-Kompasse bringen Wissenswertes auf den Punkt. Garantiert ohne Fachchinesisch.

Klein, preiswert, gut:

→ Mit Last-Minute-Programm für eilige Leser
→ Jede Doppelseite bietet ein neues Thema
→ 96 Seiten, kompakt und unverwüstlich, € 6,50 [D]

GU

Gutgemacht. Gutgelaunt.

impressum

Redaktionsleitung:
Steffen Haselbach
Redaktion: Andreas Kobschätzky
Lektorat: Klaus-Peter Ehlert
Bildredaktion: Daniela Jelinek
Titelfoto: getty images

Umschlag und Gestaltung:
indepedent Medien-Design,
Petra Schmidt
Herstellung: Ute Hausleiter
Satz: Johannes Kojer, München
Repro: Ludwig, Zell am See
Druck: Appl, Wemding
Bindung: Sellier, Freising

ISBN: 3-7742-5410-9

Auflage	4.	3.	2.	1.
Jahr	2005	2004	2003	2002

Fotos
Corbis: S. 54, 69, 74, 100. Fotex: S. 66. getty images: Inhalt, S. 98/99. Helga Lade Fotoagentur: S. 83. Andreas Hosch: S. 44. IFA-Bilderteam: S. 26, 39, 95, 109, 116. Image Bank: S. 19, 46, 50, 87. Imagine: S. 36. Mauritius: S. 6, 61, 118. Photonica: S. 16, 48, 122. Pictor: Inhalt, S. 4/5, 64/65, 78, 82. Picture Press: S. 12, 58, 112. Premium: S. 92, 108. Conny Stein: S. 42. zefa: Inhalt, S. 10, 34/35, 106.

Wichtiger Hinweis
Die Beiträge in diesem Buch sind sorgfältig recherchiert und entsprechen dem aktuellen Stand. Abweichungen, beispielsweise durch seit Drucklegung geänderte Daten, sind nicht auszuschließen. Weder Autor noch Verlag können für eventuelle Nachteile oder Schäden, die aus im Buch gegebenen praktischen Hinweisen resultieren, eine Haftung übernehmen.

GRÄFE UND UNZER
Ein Unternehmen der
GANSKE VERLAGSGRUPPE

DAS ORIGINAL · MIT GARANTIE · GU

Das Original mit Garantie

Ihre Meinung ist uns wichtig. Deshalb möchten wir Ihre Kritik, gerne aber auch Ihr Lob erfahren, um als führender Ratgeberverlag für Sie noch besser zu werden.
Darum: Schreiben Sie uns! Wir freuen uns auf Ihre Post und wünschen Ihnen viel Spaß mit Ihrem GU-Ratgeber.

Unsere Garantie: Sollte ein GU-Ratgeber einmal einen Fehler enthalten, schicken Sie uns bitte das Buch mit einem kleinen Hinweis und der Quittung innerhalb von sechs Monaten nach dem Kauf zurück. Wir tauschen Ihnen den GU-Ratgeber gegen einen anderen zum gleichen oder ähnlichen Thema um.

Ihr Gräfe und Unzer Verlag
Redaktion Business
Postfach 86 03 25
81630 München
Fax: 0 89/4 19 81-1 13
E-Mail: leserservice@graefe-und-unzer.de